高等职业学校会展策划与管理专业教材

U1017608

会展项目管理

何　焱　主编
王明润　徐　宏　副主编

中国轻工业出版社

图书在版编目（CIP）数据

会展项目管理 / 何焱主编. —北京：中国轻工业出版社，2022.7

高等职业学校会展策划与管理专业教材

ISBN 978-7-5184-0807-8

Ⅰ.① 会… Ⅱ.① 何… Ⅲ.① 展览会 — 项目管理 — 高等职业教育 — 教材 Ⅳ.① G245

中国版本图书馆CIP数据核字（2016）第036422号

责任编辑：史祖福　秦　功

策划编辑：史祖福　　责任终审：张乃柬　　封面设计：锋尚设计

版式设计：锋尚设计　　责任校对：燕　杰　　责任监印：张京华

出版发行：中国轻工业出版社（北京东长安街6号，邮编：100740）

印　　刷：三河市万龙印装有限公司

经　　销：各地新华书店

版　　次：2022年7月第1版第3次印刷

开　　本：787×1092　1/16　印张：13.25

字　　数：312千字

书　　号：ISBN 978-7-5184-0807-8　定价：28.00元

邮购电话：010-65241695

发行电话：010-85119835　传真：85113293

网　　址：http://www.chlip.com.cn

Email：club@chlip.com.cn

如发现图书残缺请与我社邮购联系调换

220979J2C103ZBW

前言 PREFACE

会展业是现代服务业的重要组成部分，其影响力广、关联度高、发展潜力巨大。当前，我国会展业迎来了良好的发展机遇，一方面，国家高度重视服务业发展，另一方面，我国会展业发展进程加快，创造了巨大的经济效益和社会效益，已经成为新的经济增长点和现代服务业不可或缺的重要组成部分。

本教材在编写中根据职业教育的特点，以培养能力、掌握实用操作技能为出发点，采用项目化编写方式。本教材的编写贯彻“学以致用”的原则，主要结构是：项目概述—项目学习目标—案例导入—基本知识—拓展阅读—项目小结—项目实训。真正实现用移动客户端链接所有的线上线下同步教与学，打造适应移动互联网时代需求的会展专业用书。

本教材的编写特点如下：

1. 案例分析与理论知识融合。根据实际案例，重点讲解完成工作任务需要的基本知识。

2. 通过实训项目提升能力。通过项目实训改变学生传统的思考模式，以实践技能提升替代抽象的理论思考。

3. 相互点评实现真正的互动教学。学生在教师的督导下变得积极主动，富有主见，在互动中不断完善自己的策划方案并提升执行能力，不断提升会展项目管理的实践技能和理论知识。

4. 综合能力全面提升。变被动学习为主动学习，学生的语言思维能力不断提高，团队精神得到锻炼。

5. 通过建立微信公众平台（微信号：gqhz1688）与广大读者实时互动，展示学生学习成果，接受广大网民点评。

6. 通过手机扫描书中各种案例的二维码让随时随地学习成为可能，让翻转课堂的教学方式进入《会展项目管理》的课堂。

本教材既可作为高职院校会展专业教学用书，又可作为自学考试、职业训练参考用书。欢迎高职院校会展专业师生和相关行业人士选用。

本教材由广东轻工职业技术学院何焱担任主编，由凯里市凯里学院徐宏、广州现代信息工程职业技术学院王明润担任副主编，广东轻工职业技术学院许欣、黄可参与编写。

在本教材的编写过程中，参考和借鉴了许多相关文献，在此，向各位专家学者一并表示感谢。

在移动互联网时代，本教材的编写是对高职教材的一次创新性探索和尝试，本教材无论在内容还是体系结构上还有很多不足之处，恳请广大业内专家和读者不吝赐教。

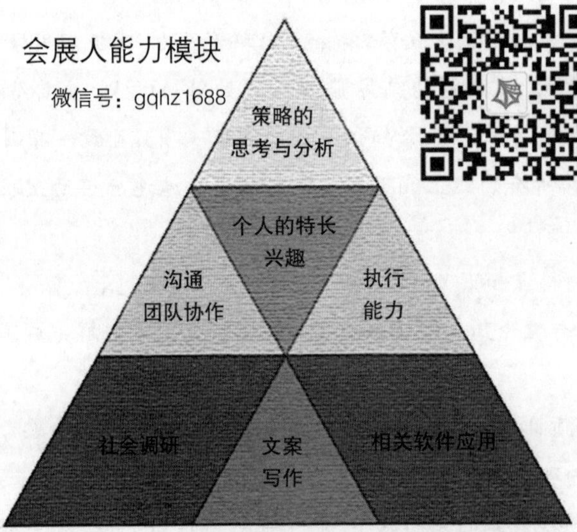

广轻会展时报制作（微信号：gqhz1688）

编者

2016 年 1 月

CONTENTS 目录

项目一　会展项目管理概述

项目二　会展项目市场调查与可行性分析

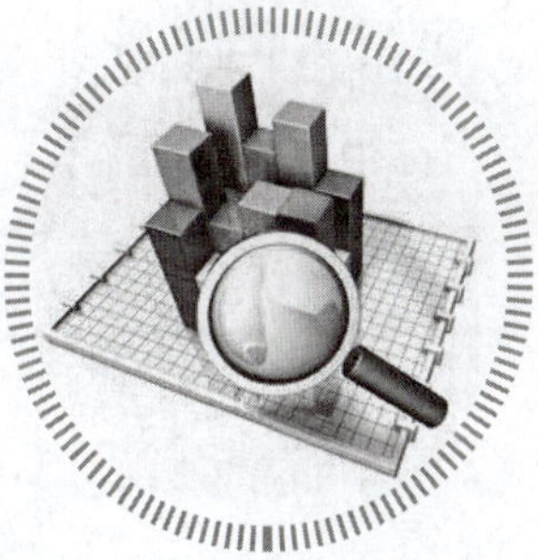

项目三　会展项目立项策划与报批

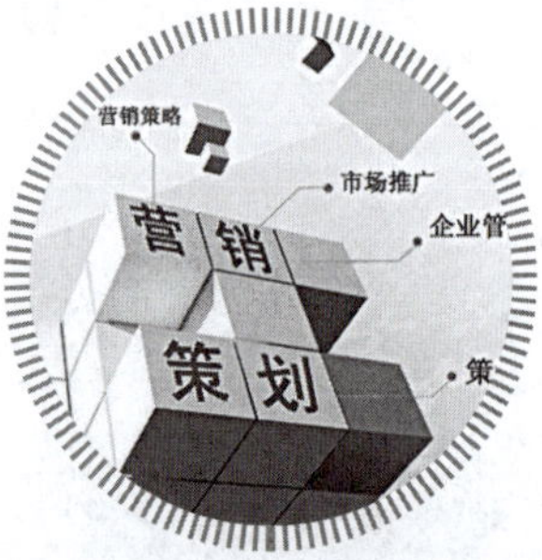

项目四　会展营销管理

项目五　现场管理与活动策划

项目六　会展项目合同管理

项目七　会展项目的后续工作

《会展项目管理》中知识链接（二维码）目录

项目一　会展项目管理概述

项目二　会展项目市场调查与可行性分析

项目三　会展项目立项策划与报批

项目四　会展营销管理

项目五 现场管理与活动策划

项目六 会展项目合同管理

项目七 会展项目的后续工作

项目一

会展项目管理概述

【项目概述】

会展活动是在经济全球化的影响下，由于世界各国和地区之间的经济、文化交流异常频繁而产生的一种新型经济活动，现已成为世界上许多发达国家国民经济新的增长点。将项目管理的理念和方法贯穿于会展经营与管理的全过程，能最大限度地实现会展组织者的工作目标。掌握会展项目管理的基本知识和要素，能为整个会展项目管理指明方向、确立架构，是指导会展管理工作顺利开展的基础。

【项目学习目标】

1. 熟悉会展项目管理的基础知识。
2. 熟悉会展项目管理的内容与过程。
3. 掌握会展项目管理的方法。
4. 具备会展项目策划的能力。
5. 具备会展项目过程管理的能力。

【案例导入】

在广州举办的中国进出口商品交易会（The China Import and Export Fair）简称广交会，英文简称为Canton fair，创办于1957年春季，每年春秋两季举办，截止到2015年已有58年历史，是中国目前历史最长、层次最高、规模最大、商品种类最全、到会客商最多、成交效果最好的综合性国际贸易盛会。自2007年4月第101届起，广交会由中国出口商品交易会更名为中国进出口商品交易会，由单一出口平台变为进出口双向交易平台。2015年10月15日，第118届广交会开幕，共设置展位数59230个，参展企业24096家。

中国进出口商品交易会由48个交易团组成，有数千家资信良好、实力雄厚的外贸公司、生产企业、科研院所、外商投资/独资企业、私营企业参展。中国进出口商品交易会贸易方式灵活多样，除传统的看样成交外，还举办网上交易会（VirtualExpo，Online Exhibition）。广交会以出口贸易为主，也做进口生意，还可以开展多种形式的经济技术合作与交流，以及商检、保险、运输、广告、咨询等业务活动。来自世界各地的客商云集广州，互通商情，增进友谊。

一、组织单位

主办单位：中华人民共和国商务部、广东省人民政府

承办单位：中国对外贸易中心

组织机构：中国进出口商品交易会领导委员会，由中华人民共和国商务部、广东省人民政府、广州市人民政府领导，各交易团团长、各展馆馆长、有关部门领导共同组成。

二、参展范围

广交会分三期举行，每期都有不同的参展范围

第一期：大型机械及设备、小型机械、自行车、摩托车、汽车配件、化工产品、五金、工具、车辆（户外）、工程机械（户外）、家用电器、电子消费品、电子电气产品、计算机及通信产品、照明产品、建筑及装饰材料、卫浴设备、进口展区

第二期：餐厨用具、日用陶瓷、工艺陶瓷、家居装饰品、玻璃工艺品、家具、编织及藤铁工艺品、园林产品、铁石制品（户外）、家居用品、个人护理用具、浴室用品、钟表眼镜、玩具、礼品及赠品、节日用品、土特产品（109届新编入）

第三期：男女装、童装、内衣、运动服及休闲服、裘革皮羽绒及制品、服装饰物及配件、家用纺织品、纺织原料面料、地毯及挂毯、食品、医药及保健品、医疗器械、耗材、敷料、体育及旅游休闲用品、办公文具、鞋、箱包

讨论 （1）广交会在经济新常态的大环境下，会展管理过程中主要采取了哪些应对措施？

（2）作为一个成功的会展案例，广交会在项目管理中成功的要素有哪些？

分析 外贸进入新常态，从高速增长转为中高速增长。当前全球经济形势复杂，导致我国外贸面临严峻的考验。同时，广交会逐渐由交易平台转变成展示、信息交流的平台，当场下订单的情况会减少，更多的是展会结束后再继续深谈，因此，订单量会在几个月后才体现出来。在新常态之下，企业更加注重培育新优势，单纯拼价格已经不行了，企业要靠品牌、技术、质量、服务与对手竞争。

【知识链接】

1. 广交会（http://www.cantonfair.org.cn/cn/index.asp）官方网站
2. 网上广交会宣传片

微信扫码进入广交会官网

微信扫码观看广交会宣传片

任务1 会展管理基础知识

一、会展的概念

在国际上，公认的“会展”指“MICE industry”，含义广泛，包含公司业务会议（Meeting）、奖励旅游（Incentive and program）、协会/团体组织会议（Convention）和展览（Exhibition）四个部分。随着会展形式的不断发展，节事活动被纳入“MICE”中，因此，广义的会展可以理解为会议、展览、奖励旅游及节事活动的统称，会议、展览会、博览会、交易会、展销会、展示会等是会展活动的基本形式，狭义的会展仅指会议和展览活动。

由此总结出：会展是指在特定的时间和空间范围内，通过策划、组织与管理等手段，有目标地围绕特定主题，以信息沟通或商品交易为目的，利用展示、交易、沟通等形式而开展的社会活动。

二、会展的功能

（一）经济辐射功能

会展的联系和交易作用是很多企业重要的整合营销手段，可以促进各类市场资源得以优化配置，有效地刺激需求，调节供给，为高新技术的市场交易提供条件；会展可以带动相关产业的发展，增加就业机会，促进地方基础设施建设，提升举办地的知名度，优化产业结构；会展有利于加深不同国家、地区、组织之间的分工合作，以支持和推动经济一体化的进程。

（二）信息传播功能

会展从本质上说，是为信息交流而进行的传播活动。会展具有重要的经济辐射功能，而驱动力则是传播信息。会展是信息交流传播的媒介和载体，是信息技术展示的平台；展会是以展馆为媒介进行的社会信息的传递，是一种社会信息系统的运行，有展示传播参展单位、举办城市等的文化内涵的作用。

（三）人文体验功能

会展活动突出“以人为本”的文化精神，具有人文体验的功能。会展人性化的布局和建筑空间、人性化的展览设计以及丰富多彩的活动可以让人们进行个性化体验，产生难忘的美好感觉和隽永的记忆。

（四）文化教育功能

会展弘扬并创新文化，促进科技交流，在社会宣传教育等方面都能起到重要的作用。

三、会展的作用

（一）产生强大的互动共赢效应

会展业不仅能带来场租费、搭建费等直接收入，还能拉动或间接带动商业购物、餐饮、住宿、娱乐、交通等数十个行业的发展，对一个城市或地区经济发展和社会进步产生重大的影响和催化作用。

（二）促进优质资源整合

会展业汇聚巨大的信息流、技术流、商品流和人才流，意味着各行业在开放潮中，在产品、技术、生产、营销等诸方面能获取比较优势，优化资源配置，增强综合竞争力。

（三）提升行业发展支持力度

各产业的发展，特别是制造业要生存和提升竞争力，需要相关服务行业的协作，而加快新型工业化、新农村建设更离不开会展业的支持和助力。

（四）增加就业机会，维护社会稳定

随着近年来办展活动的增多，会展业不仅能提供就业机会，还能拉动和促进就业，维护了社会的稳定。

（五）反映经济发展状况

大型和专业性会展往往反映的是产品或技术市场占有率及赢利前景状况，直接刺激贸易、旅游、酒店、交通、运输、金融、房地产、零售等行业的市场发展。

四、会展的基本分类

（一）展览的分类

1．按展览的性质分类

按展览的性质，可分为贸易展览和消费展览两类。贸易性质的展览会是为制造业、商业等行业举办的展览，展览的主要目的是交流信息、洽谈贸易。消费性质的展览是为公众举办的展览，基本上是展出消费品，目的是直接销售。

展览的性质由展览组织者决定，可以通过参观者的人员构成成分反映出来。

2．按展览的内容分类

按展览的内容，可分为综合展览和专业展览两类。综合展览指包括全行业或数个行业的展览会，也被称作横向型展览会，如工业展、轻工业展。专业展览指展示某一行业甚至某一项产品的展览会，如钟表展。专业展览会的突出特征之一是常常同时举办讨论会、报告会，用以介绍新产品、新技术。

中华人民共和国商务部2013年7月1日开始实施SB/T10358—2012《专业性展览会等级的划分及评定》（以下简称《标准》），该标准是对SB/T10358—2002《专业性展览会等级的划分及评定》的修订。本标准适用于在中国境内举办的以经济贸易活动为目的的专业性展览会的等级划分及评定。目前，我国只有对专业性展览会的等级进行划分和评定的标准。在《标准》中具体规定了专业性展会等级评定条件，详见表1–1。

表1-1 专业性展览会等级的划分及评定标准

A.1. 评分说明			
A.1.1 本标准满分为720			
A.1.2 各等级应达到的最低分数			
AAA级：650分			
AA级：530分			
A级：430分			
A.2 评分标准	各大项的得分汇总栏	各分项的得分汇总栏	计分栏
A.2.1 展出净面积及特殊装修展位面积比	100		
A.2.1.1 展出净面积不少于10000m^2		50	50
展出净面积不少于8000m^2			40
展出净面积不少于5000m^2			30
展出净面积不少于3000m^2			20
A.2.1.2 特殊装修展位面积比不少于50%		50	50
特殊装修展位面积比不少于40%			40
特殊装修展位面积比不少于30%			30
A.2.2 参展商	70		
行业内骨干企业参展展位面积与展出净面积的比不少于40%		70	70
行业内骨干企业参展展位面积与展出净面积的比不少于30%			50
行业内骨干企业参展展位面积与展出净面积的比不少于20%			40
行业内骨干企业参展展位面积与展出净面积的比不少于10%			30
A.2.3 观众	150		
展览期间专业观众人次与观众总人次的比值不少于80%		150	150
展览期间专业观众人次与观众总人次的比值不少于70%			135
展览期间专业观众人次与观众总人次的比值不少于60%			120
展览期间专业观众人次与观众总人次的比值不少于50%			100
展览期间专业观众人次与观众总人次的比值不少于40%			80
A.2.4 展览的连续性	50		
同一个专业性展览会连续举办不少于6次			50
同一个专业性展览会连续举办不少于4次			40
同一个专业性展览会连续举办不少于3次			30

续表

A.2.5 参展商满意率	150		
参展商满意率调查表中对展览会的总体评价结论为“很满意”和“满意”的数量总和不低于参展商总数的85%			150
参展商满意率调查表中对展览会的总体评价结论为“很满意”和“满意”的数量总和不低于参展商总数的80%			120
参展商满意率调查表中对展览会的总体评价结论为“很满意”和“满意”的数量总和不低于参展商总数的75%			90
参展商满意率调查表中对展览会的总体评价结论为“很满意”和“满意”的数量总和不低于参展商总数的70%			70
A.2.6 相关活动	80		
展览会期间组织与展览会主题相关的各种活动			80
A.2.7 附加评定项	120		
A.2.7.1 主办（承办）方通过GB/T 19001 质量管理体系认证			20
A.2.7.2 展馆方通过GB/T 19001 质量管理体系认证			20
A.2.7.3 展馆方通过GB/T 28001 职业健康安全管理体系认证			20
A.2.7.4 装修和搭建的主要承办方通过GB/T 19001 质量管理体系认证			15
A.2.7.5 装修和搭建的主要承办方通过GB/T 28001 职业健康安全管理体系认证			15
A.2.7.6 展览运输的主要承办方通过GB/T 19001 质量管理体系认证			15
A.2.7.7 展览运输的主要承办方通过GB/T 28001 职业健康安全管理体系认证			15

3. 按展览的规模分类

按展览的规模，可分为国际、国家、地区、地方展以及单个公司的独家展。规模是指展出者和参观者所代表的区域规模而不是展览场地规模。不同规模的展览有不同的特色和优势，应根据企业自身条件和需求来选择。

国际展览一般指有两个以上国家参加的展览会。国际展览的一般标准是：展出面积2万平方米以上，国外参展商比例在20%以上，国外观众比例在4%以上。根据国际博览会联盟的规定，在贸易展览中，国际展览的标准是：来自国外参展商比例在20%以上，来自国外观众比例在20%以上，20%以上的广告宣传费用用于国外宣传。有些展览会制定了更高的标准，如德国杜塞尔多夫将国际标准定为30%以上的外国展出者或25%以上的外国参观者。

4. 按展览的时间分类

按展览的时间，可分为定期展览和不定展览期两类。定期的展会有一年四次、一年两次、一年一次、两年一次不等。不定期展会则是视需要和条件举办，分长期和短期。长期展可以是三个月、半年，甚至常设，短期展一般不超过一个月。

5. 按展览的场地分类

按展览的场地，可分为室内展览和室外展览两类。大部分展览会是在专用展览场馆举办的，展览场馆是按室内场馆和室外场馆划分。室内场馆多用于展示常规展品的展览会；室外场馆多用于展示超大超重展品，比如航空展、矿山设备展；在多个地方轮流举办的展览会被称作巡回展。

【拓展阅读】

— 英国展览业协会的展览会分类标准 —

一、服务业及相关行业

1. 工商广告、直接发函、运输、特许经营、市场营销、奖励、职业服务、不动产
2. 娱乐业：游艺、设备
3. 银行业：银行技术和系统、金融、保险、投资、福利
4. 图书：图书馆设备、出版
5. 商用设备：办公技术、办公室用品、文具
6. 会议设备及服务：显示设备、展示设备及服务、商店装饰品
7. 教育：职业、招聘、培训
8. 印刷业：书画刻印艺术、贺卡、设计、包装、纸张
9. 旅游业：节假日、旅游、度假
10. 零售业：药品化妆品店用品、车库用品、杂货店用品、贩卖机

二、农业、畜牧业、林业及渔业

1. 农业：农用机械、牲畜饲养、驯马、农作、牲畜、兽医
2. 渔业
3. 林业
4. 园艺：花卉种植及贸易、园林技术
5. 烟草业：烟草加工

三、烹调、食品生产及加工、饮料

1. 烹调：面包饼干、饮料、糖果点心、即食食品、精制食品、旅馆及餐馆设备、肉类加工
2. 食品加工：冷冻、食品包装
3. 酒：啤酒、烈酒、葡萄酒

四、汽车、飞机、船舶及防务

1. 航空：飞机、航空设备、航空港设备、飞行技术
2. 汽车：汽车配件及服务、商用汽车、轮胎
3. 自行车、摩托车

4. 航海：船舶、海运设备、航行设备、海洋学、海岸技术、码头设备、轮船、船舶制造、水下技术

5. 防务：军用设备、海军设备

五、服装、纺织品、鞋

1. 服装：婴儿装、童装、时装、时装设计、服装饰件、帽、少年时装、内衣和胸衣、成衣

2. 针织品：编织品

3. 纺织品：制衣机械、纤维织品、针织机械、纱线、纤维

4. 鞋：皮革、鞋、制鞋机械

六、艺术品、嗜好品、娱乐、体育用品

1. 古董、仿古家具及附属品

2. 艺术：现代艺术、临摹画、雕塑

3. 手工艺品：花草、农艺、手工制品、模型、模具

4. 露营：露营车、露营设备

5. 音乐、表演业、电影院、戏院

6. 宠物、宠物店设备

7. 集邮

8. 运动：钓鱼、打猎、休闲、娱乐、运动设备（包括的运动：高尔夫、网球、足球等）

9. 游泳池

七、广播、计算机、电子、电讯

1. 广播：音像设备、电缆、卫星、电唱机、收音机、电讯设备、电视机、录像机

2. 计算机：计算机技术，计算机工艺、信息技术、大型系统、网络、个人电脑、软件、数据保护

3. 电子：自动化、电光技术、激光、机器人

4. 摄影：商业摄影、摄影设备、照相器材

八、建筑、施工、采矿、公共服务

1. 空调设备、供暖设备、铅管材料、冷藏设备、卫生设备、换气设备

2. 建筑：建筑材料、水泥、施工、施工设备、电气工程、照明、油漆、项目管理、运动设施建造

3. 采矿：采矿设备、掘进设备

4. 公共服务：地方政府、街道设备、城市规划、交通工程

九、工业化工

1. 工业化工：黏合物、腐蚀物、实验室设备、石化产品、塑料、橡胶、实验仪器、表面

处理

2. 玻璃艺术、陶瓷

十、维修、保养、保护、保卫

1. 清洁：保养、干洗、染色、清洗、环境保护、维修、服务管理

2. 防火、健康与安全、工业保护、职业健康、政策、保卫

十一、药品、保健、制药

1. 保健：残疾人用品、牙科设备、医院设备、医疗设备、药品、护理、齿科学、眼科学、光学设备、健美

2. 矿泉疗法，顺势疗法

3. 制药

十二、家庭生活方式

1. 美容品：化妆品、美发用品、香水

2. 装饰：地毯、地面覆盖物、家具、庭院用品、家庭用品、室内设计、油漆、照明用品、墙纸

3. 母亲与孩子：保育、结婚用品

4. 家庭用品：小五金、家用器皿、家庭用具

5. 礼品：瓷器、玻璃器皿、首饰、纪念品、桌上用品、钟表

十三、工业制造

1. 工程技术：铸造、机床、机械工程、金属加工、焊接、电线、电缆、木工加工

2. 材料处理：控制和调节设备、液能、流体和液体处理、材料测试

3. 分包：产品精加工、加工工程

4. 技术转让：工业及工程设计、再生、技术应用、发明

十四、能源、电力、水

1. 电力和能源供应：电力工程、天然气工程、核电工程、发电站设备

2. 水供应：引水、水处理

十五、综合贸易博览会

十六、国际博览会

【知识链接】

1. 广州保利世贸博览馆排期表（http://www.pwtcexpo.com）

作为广州利用率很高的展览馆之一，保利世贸博览馆排期表是值得深入研究的。

2. 中国会展门户（http://www.cnena.com）

中国会展门户网站首页对会展行业进行了细分结构，分为国内会展、会议论坛、国外展会、节事活动、会展场馆等，网站使用者可以根据自己的需要查找相关信息。

3. 中国展会（http://fair.china.cn）

中国展会网站通过城市展会和时间展会的搜索，可以很方便地了解到中国各大展会信息。

广州保利世贸博览馆排期表　　中国会展门户官网　　中国展会官网

（二）会议的分类

1. 按照会议的性质分类

按照会议的性质可分为代表大会、专业性会议、论坛、专家学术研讨会、讲座、研讨会、小组讨论会、专家讨论会等。

代表大会：指普通大会、政治性的代表大会或各种社团组织或社团召开的大会。

专业性会议：是就某个领域的问题进行讨论和交流信息而召开的会议，科技界的会议常常使用该词。一般包括主会和讨论问题、解决问题的小组会议，如医药会议、计算机会议。

论坛：非正式的、开放的会议，其特点是反复深入的讨论。两个或更多的发言人向听众而非对方发表自己的看法、见解、观点、言论并进行阐述、说明，听众可以提出问题，主持人引导发言和讨论并总结各方意见。

专家学术研讨会：就某一科学研究、发展的专题进行的非正式的学术性的研讨会议。尤指参与者即听众也参与演讲的会议。

讲座：通常由一位专家、学者单独做讲解、示范，最后常留出一定的时间回答听众的提问。

研讨会：通常有充分的参与性，与会者在主持人的协调下就某个方面的问题讲解各自的研究成果并进行研讨。

小组讨论会：要求所有小组成员参与，交流信息、技能以及对问题的见解。

专家讨论会：要求有两位甚至更多的发言人讲述其观点，发言人和与会者共同进行充分的讨论。

2. 按照会议举办机构分类

按照会议举办机构可分为协议会议、公司会议、国际组织和政府会议等。

协议会议：协会是由具有共同兴趣和利益的专业人员或机构组成，通过它来交流、协商、研讨本行业的最新发展、市场策略或解决存在的问题。

公司会议：为了企业自身的发展，应付日趋激烈的竞争，计划和协调企业的发展目标、策略及各项指标等，各类公司每年都要举行各种会议。

国际组织和政府会议：出于政治、经济、文化等原因，联合国、各国际组织，如世界贸易组织（WTO）、世界卫生组织（WHO）等，以及各国政府每年都要组织举办各种类型、规模和档次的国际大会、论坛、研讨会等。

其他会议：如宗教会议等。

3．按照会议的地域范围和影响力分类

按照会议的地域范围和影响力可分为国际会议和国内会议。

国际会议：是指来自不同国家的人们所参加的会议。国际会议的界定尚无统一的标准。根据国际大会和会议协会（ICCA）的规定，国际会议的标准是：至少有20%的外国与会者，与会人员总数不得少于50名。由于国际会议在提升举办地形象、促进当地市政建设和经济发展等方面所起的巨大作用，世界上各个国家都在积极争取承办国际会议，平均每一个国际会议的申办国家都在10个以上。

国内会议：相对于国际会议，国内会议的定义就容易多了，即来自国外的与会者人数占出席会议总人数的比例达不到国际会议标准的会议均称作国内会议。

4．按照所属行业分类

按照所属行业可以将会议分成医学、科学、教育、农业、环境等类别。根据2001年国际大会和会议协会（ICCA）的统计资料，从专业角度上看，全年举办国际会议的比例从高到低依次为医学类（32%）、科学类（13.6%）、工业类（8%）、技术类（7.4%）、教育类（4.7%），接着是农业、社会科学、经济教育、商业管理、生态环保等。

5．按照会议是否营利分类

按照会议是否营利可将会议分成营利性会议和非营利性会议两类。前者主要由专业会议公司或一些营利性的机构来策划和组织，如常见的企业战略研讨会、营销高峰论坛、行业培训会议等；后者如政府工作会议、协会会议、公司内部会议等。

【知识链接】

1．会唐网（http://www.eventown.com.cn）

会唐网是中国首家在线会议场地查询预订平台，成立于2007年。会唐网的场地资源覆盖了全国152个一二三线城市的3万多块会议及活动场地，涉及酒店、会所、文化古建等二十多种类型。被称为中国的Cvent。会唐网从会议行业开始做起，经历了中国会议行业的发展历程，研发了会议行业互联网平台及系列行业应用软件产品，成为一家中国创新模式O2O会议企业。

2．微吼网（http://www.vhall.com）

微吼就是虚拟大堂（Virtual Hall），英文简称：VHALL，是中国虚拟大会（Virtual Event）服务的先锋级领军产品。许多商务或专业人士每周都会收到大量的会议信息、参观会展的邀请，但往往花费较多时间和大笔差旅住宿费用。到现场后，才发现会议内容对自己毫无价值，或者因为现场拥挤嘈杂，无法和演讲人或参展企业深入沟通，付出了巨大的时间和经济成本却没有任何收获。

此外，商务人士事务众多，业务繁忙，即使有很多有价值的会议和展览，也往往没有时间亲临现场。而虚拟大会允许你在办公室，在飞机场，在咖啡厅，在任何有互联网连接的地方，都可参加一个甚至同时参加多个虚拟大会，收看专家嘉宾的精彩演讲，在线提问，与现场互动，也可在虚拟展台观看产品演示，下载资料手册，与厂家代表进行深度交流，甚至和所有通过网络来访的观众交谈、结识，扩大社交圈。

微信扫码进入会唐网

微信扫码进入微吼网

任务2 项目策划与管理

一、项目管理

（一）项目管理的含义

项目是一个特殊的将被完成的有限任务，它是在一定时间内，满足一系列特定目标的多项相关工作的总称。项目的定义包含三层含义：第一，项目是一项有待完成的任务，且有特定的环境与要求；第二，在一定的组织机构内，利用有限资源（人力、物力、财力等）在规定的时间内完成任务；第三，任务要满足一定性能、质量、数量、技术指标等要求。这三层含义对应项目的三重约束——时间、费用、性能。项目的目标就是满足客户、管理层和供应商在时间、费用和性能（质量）上的不同要求。

所谓项目管理，就是项目的管理者在有限的资源约束下，运用系统的观点、方法和理论，对项目涉及的全部工作进行有效的管理；即从项目的投资决策开始到项目结束的全过程进行计划、组织、指挥、协调、控制和评价，以实现项目的目标。

（二）项目管理的要素

项目管理有四个要素：范围、时间、成本和质量。

1. 范围

范围也被称为工作范围，指为了实现项目目标必须完成的所有工作。一般是通过定义交付物和交付物标准来定义工作范围的。

2．时间

项目时间用进度计划来描述，进度计划不仅说明了完成项目工作范围内所有工作需要的时间，也规定了每个活动的具体开始和完成时间。

3．成本

成本指完成项目所需要的所有款项，包括人力成本、原材料、设备租金、分包费用和咨询费用等。

4．质量

质量指项目满足明确或者隐含需求的程度。

（三）项目管理的范围

项目管理的范围是为了实现项目的目标，对项目的工作内容进行控制的管理过程，它包括范围的界定、范围的规划、范围的调整等。时间（Time）、质量（Quality）、成本（Cost）这三个要素简称TQC，一个项目的工作范围和TQC确定了，项目的目标也就此确定。

1．项目的管理时间

项目的管理时间是为了确保项目最终能按时完成的一系列管理过程。它包括具体活动的界定、活动排序、时间的估计，进度安排及时间控制等各项工作。

2．项目管理的质量

项目管理的质量是为了确保项目达到客户规定的质量要求所实施的一系列管理过程。它包括质量规划、质量控制和质量保证等。

3．项目管理的成本

项目管理的成本是为了保证完成项目的实际成本、费用不超过预算成本、费用的管理过程。它包括资源的配置，成本、费用的预算以及费用的控制等各项工作。

如果项目在TQC的约束内完成了工作范围内的工作，总的来说项目就算取得了成功。

（四）项目管理过程

通常来说，现在的项目管理方法中，项目的工作过程开发被分成以下五个步骤。

1．项目启动

项目启动包括发起项目、授权启动项目、任命项目经理、组建项目团队、确定项目利益相关者。

2．项目策划

项目策划包括制订项目计划、确定项目范围、配置项目人力资源、制订项目风险管理计划、编制项目预算表、制订项目质量保证计划、确定项目沟通计划、制订采购计划。

3．项目执行

当项目启动和策划中要求的前期条件具备时，项目即可开始执行。

4．项目监测

项目监测包括实施项目、跟踪项目、控制项目。

5．项目完成

项目完成也叫项目收尾，包括项目移交评审、项目合同收尾、项目行政收尾。

二、项目策划

（一）项目策划的含义

项目策划是一种具有建设性、逻辑性的思维过程，在此过程中，综合目的就是把所有可能影响决策的决定总结起来，对未来起到指导和控制作用，最终借以达到方案的目标。它是一门新兴的策划学，以具体的项目活动为对象，体现一定的功利性、社会性、创造性、实效性和超前性的大型策划活动。

（二）项目策划的原则

1. 可行性原则

项目策划，考虑最多的便是其可行性。“实践是检验真理的唯一标准”，同样项目策划的创意也要经得住现实的检验，具有可操作性。

2. 创新性原则

创新是事物得以发展的动力，是人类赖以生存和发展的主要手段，因此，创新性是项目策划不可或缺的一点。

3. 无定式原则

世界万物都处在一个变化的氛围之中，没有不运动变化的事物，事物就是在这种运动的作用下发展的。项目策划也不例外，遵循的也是这一原则。

4. 价值性原则

项目策划要按照价值性原则来进行，这是其功利性的具体要求与体现。

5. 集中性原则

在战争中，集中优势兵力攻击对方关键性的部分，成为军事谋略的上策。不论是军事项目，还是体育项目，都可以借此达成胜利的目标。

6. 职能放大原则

人的能量是无穷的，策划中的创意与构思也是无止境的，因此说项目策划要坚持职能放大原则。

7. 信息性原则

信息是项目策划的起点，具体来说主要包括：收集原始信息力求全面、可靠真实，信息加工要准确、及时，保持信息的系统性及连续性。

（三）项目策划的程序

1. 项目调研

项目调研是指在一定的营销环境下，系统地搜集、分析和报告有关项目信息的过程。项目策划要做出正确的决策，就必须通过营销调研，准确及时地掌握市场情况，使决策建立在坚实可靠的基础之上。

2. 项目市场细分与选择

项目市场细分：项目市场细分就是指按照项目消费者或用户的差异性把市场划分为若干个子市场的过程。市场细分的客观基础是消费者需求的差异性。

项目市场选择：项目市场细分之后，存在着众多的子市场，通过集中性策略和无差异策略在子市场中选出自己的目标市场。

3. 项目策划书的撰写

在一系列前期工作结束后，应着手编写项目策划书。项目策划书的主要内容一般有：封面、序文、目录、内容、预算、策划进度表、策划书的相关参考资料等。

4. 项目方案实施

项目策划书编写出来之后，应制订相应的实施细节，以保证项目活动的顺利进行，要保证策划方案的有效性应做好以下三个方面的工作。

监督保证措施：科学的管理应从上到下各个环节环环相扣，责、权、利明确，只有监督才能使各个环节减少出错，以保证项目活动的顺利开展。

防范措施：事物在其发展过程中有许多不确定的因素，只有根据经验或成功案例进行全面预测，发现隐患，防微杜渐，才能把损失控制在最小的范围内，从而推动项目活动的开展。

评估措施：从项目活动发展的第一步，就要有一定的评估手段以及反馈设施，从而总结经验，发现问题，及时更正，以保证策划的事后服务质量，提高策划成功率。

【知识链接】

1. 壹基金

壹基金是李连杰先生2007年4月创立的创新型公益组织，2011年1月11日在深圳注册为中国第一家民间公募基金会。壹基金以“尽我所能，人人公益”为愿景，搭建专业透明的公益平台，专注于灾害救助、儿童关怀与发展、公益支持与创新三大领域，致力于成为中国公益的开拓者、创新者和推动者。

2. 为爱系列公益体育活动

壹基金通过广泛的、创新的和可持续的公益传播和参与式公益体验，促进公众对公益的认知和参与，使公益行业获得可持续发展的支持性环境。壹起行动，壹起改变，共建一个互信互爱的美好社会。

为爱系列公益体育活动包括“为爱同行”和“为爱奔跑”，是将公益参与体验和户外徒步相结合的大型公众公益体育活动。通过个人或者团队组队在规定时间内完成户外徒步目标，推广公益理念的同时筹集善款，在行动中践行“尽我所能，人人公益”的理念。活动旨在打造一个可以深度体验并快乐参与的互动公益平台，倡导积极的生活态度，让更多人了解并关注公益，让参与公益成为每一个人的生活习惯。

2014年“为爱同行”和“为爱奔跑”分别在深圳、长沙、厦门、温州举行，累计参与人数23,812人，筹集善款总计874万元，超过30,000人次参与捐赠，超过700家媒体参与活动报道，媒体报道量1122次。

3. 壹基金公益映像节

与文字、图片相比，影像有着更加直达人心的影响力。壹基金公益映像节是壹基金联合新媒体伙伴，以及爱心企业伙伴共同发起的公益视频征集、评选和推广平台，旨在用影像传递公益的力量。同时，结合新媒体传播为公众提供认知公益的新窗口，用影像的方式来传播和推动人人公益。

2014年壹基金公益映像节以“让爱上映”为主题，与知名艺术家、爱心企业联合打造一只具有“神奇魔力”的粉色飞象和一辆同样神奇的“大篷车”，到雅安灾区给当地儿童和村民做流动放映及影像培训，让充满爱的公益影像走入社区。大篷车在乡村行走6500千米，为27个灾后重建村庄超过7000名的村民放映了92场公益电影，为27名灾区志愿者和28名儿童提供影像拍摄培训。同时在深圳、上海、温州组织主题展映和推广活动，超过80位明星志愿者通过微博号召网友参与映像节话题互动和推广，微博热议达到 95,000条，阅读量超过2亿8千万人次。

壹基金官网　　为爱同行　　壹基金公益映像节

任务3 会展项目管理内容和程序

会展项目就是利用项目的过程和方法，以会展活动为管理对象的项目形式。

一、展览项目管理的要素

如果我们把会展活动（包括会议、展览、大型或综合性活动）作为一个运动系统加以考察，那么这一系统一般应具备以下基本要素。

（一）组织者要素

会展活动是一种高度组织化的社会活动。组织者要素集发起、策划、主办或者具体承办、参与协办会展活动的法定组织于一身。组织者要素对于会展系统的具体运作有决定性的作用。

1. 展览主办者

从广义上说，展览主办者就是发起并具体组织展览活动的机构或个人。但从会展的角度来看，展览主办者必须具备国家主管部门批准的、能独立举办展览项目的资质，具有招商招展能力和举办会展责任承担能力，设有专门从事办展的部门并有相应的展览专业人员，并具有完善的办展规章制度。

展览主办者的类型包括：政府机构、展览经营机构、非会展企业单位、境外机构。

2. 展览的承办者

一般情况下，展览的主办者只要具备资质，就可以自己具体承办展览会。但有的主办者限于人力、场地、专业技术等因素的制约，常常将承办展览的具体业务委托给展览的承办者，并且非会展企业主办的展览也大多采取委托承办的方式。因此，所谓展览的承办者就是指受主办者的委托，具体承办展览活动的机构。

展览承办者的类型包括政府机关、会展企业。

3．参展者

参展者是指向展览的主办者租借展位并提供展品的单位或个人。在展览活动中，如果主办者的目的是展出自己的展品，比如一个企业通过举行展示会向客商推介本企业的产品或技术，那么，主办者同时也是单一的参展商，两者身份同一。

4．观众

观众是指进入展览场馆参观展品的机构或个人。在商业性展览中，观众往往称为客商。观众既是展览行为的起点，又是展览活动的终点，因为任何展览活动的举办，最终目的是满足观众的欣赏、选择和购买的需要，展览效果的好坏最终也要由观众来决定。

观众的类型主要包括团体观众、个人观众。

（二）主题要素

主题要素是主办者、参展者和观众行为的共同指向。对于一次具体的展览活动而言，主题就是指展览的主办者和参展者所要展示的物品（即展品）及其所包含的内容。

按主题性质分类，包括：知识型主题、产品型主题、智力型主题、劳务型主题、人才型主题、形象型主题。

按主题载体形式分类，包括：原型类主题、模型类主题、标本类主题、复制类主题、图片类主题、声像类主题、多媒体类主题。

（三）信息要素

从信息学意义上考察会展活动，我们完全可以将会展活动看作是在特定时间和特定地点内的信息交流活动。会议活动中的报告、演讲、讨论，展览活动中的展示、观摩等，其目的都是传播信息、获取信息。具体而言，会展系统的信息要素就是会议的议题所表达或发布的立场、观点、知识、政策、消息，或者通过展示的技术、产品、形象等。信息要素体现了会展活动的目的，贯穿会展活动的全过程。

（四）物质要素

会展信息必须通过有效的物质载体才能显示、传递和接收。会展系统物质要素就是指举办会展活动、传播会展信息所必须具备的场馆、仪器、设备、用品、动力、技术等。物质要素是会展活动赖以进行的基本保障。

（五）形式要素

展览的形式要素是指展品展示和陈列的形式及技术手段。如图片展以展示图片为主，实物展以陈列实物造型为主，网展则借助计算机和网络技术。现代展览活动常常结合使用多种形式和技术手段，以显示展览的无穷魅力。

从大的方面来看，会议、展览、综合性活动是会展活动的三大基本活动样式；而会议中的报告、演讲、讨论、座位格局、会议装饰等，展览中的演示、表演以及展台装饰，综合性活动中的各种仪式、节目等，则属于具体的形式。在会展系统的诸多要素中，形式要素虽然要服从于其他要素，为其他要素服务，但却是最活跃、最能体现创新能力的要素，能对其他要素产生极大的反作用。因此高度重视形式要素，对于办好会展活动具有极其重要的意义。

（六）时间和空间要素

作为一种集体性的社会交往活动，会展活动总是在一定的时间和一定的空间范围内存在。尽管时间和空间对于一次会议、展览或者综合性活动是非常有限的，但却是必要的。科学、合理地安排时间和空间，对于现代会展活动来说，不仅具有物理上的意义，而且还具有政治、经济、文化、公共关系等方面的重要作用。

会展项目经过策划后，需要把展品集中在特定的地点进行展示，以体现展览的价值和意义。展品是展览信息的载体，展览地点则是主办者或参展者陈列这种信息载体和观众感知信息的空间。

二、会议项目管理的要素

（一）组织者要素

会议主办者是指对会议活动的组织、管理、协调负主要责任的机构或者个人。

会议主办者的类型包括：具有领导和管理职权的机关、会议活动的发起者、特定组织的成员、通过一定的申办程序获得主办权的组织。

1．承办者

承办者即具体落实会议组织任务的机构或个人。一般情况下，会议的主办者即为会议的承办者，但随着会议中介服务的发展，有越来越多的主办者将会议委托给中介公司筹办，这样会议中介公司就成为具体承办者。

2．协办者

会议活动如有必要，可以在主办者之外，确定若干协办者。协办者对会议活动应承担民事法律连带责任。会议协办的方式主要有经费资助、名义使用、智力支持、物质援助、人力保障、工作分担等几种形式。

3．赞助者

举办一些大型会议时，赞助是解决会议经费问题的有效办法。赞助的方式可以是由赞助者（包括政府机构、企事业单位、非政府组织以及个人）提供资金，也可以是由赞助者免费或优惠提供场地、设备和其他会议用品。

4．支持者

支持者也称支持单位。从广义上说，协办者和赞助者都是支持者，但是从狭义上看，支持者一般为无偿支持，或者因身份特殊不宜称作协办者和赞助者时，可称为支持者。

5．东道主

东道主即会议活动举行地的主人。东道主可以是一个国家、一个地区、一个组织，也可以是个人，其任务主要是提供会议活动场所和设施，落实会议活动的接待任务。

（二）与会者要素

与会者专指参加会议活动的对象，通常又称为会议成员。与会者是会议活动的主体，因而是会议活动成功与否的重要因素。

与会者的类型包括：正式成员、列席成员、特邀成员、旁听成员。

1．代表

在我国，人们习惯上把参与会议的成员都称为“代表”，各种会议报道、简报甚至会议正式文件都是如此。但严格来说，会议活动中的“代表”一词具有以下特定的含义：一是指由一个国家或一个地区、一个组织正式委派的与会人员。联席性会议、双边或者多边会谈以及国际会议的出席者，便属于这类“代表”。如联合国安理会举行的会议，由15个成员国派遣各自的常驻代表参加；二是指由一定范围的选民或群众通过一定程序选举或协商产生的与会人员，如我国各级人民代表就是由基层群众通过逐级选举产生的；三是指代表其他个人的与会者，比如股份制企业举行的股东大会，股东可以委托他人参加会议并代其履行权利。在组织重要会议时，应将代表和非代表这两种会议成员作明确的区分，不能混淆。

2．观察员

观察员是国际会议中的一种特殊身份，相当于会议的列席成员。享有观察员身份的国家、地区或组织可以派代表参加会议，也可以在会上发言，但无表决权，也不受会议决议的约束。

3．发起人员

会议的发起人员是指最早提议并参与组织会议活动的单位或个人，属于会议的正式成员。如果该会议后来发展成为相对固定的活动或者组织，则往往将发起者称之为这一活动或组织的创始成员（国）。

4．荣誉会员

荣誉会员是指为会议的组织创建和发展作出重要和实质性贡献的个人、企业、组织，属于正式成员。

5．基础会员

基础会员是指参加会议组织的所有活动包括决策过程，且其申请已经被批准的个人、企业、组织，属于正式成员。

6．普通会员

普通会员是指以参加、观摩会议组织的年会以及其他活动为目的，而且其申请已经被批准的个人、企业、组织，属于非正式成员，其在会议中的权利和义务等同于列席成员，有发言权而无表决权。

7．记者

记者往往是会议活动的常客。他们在会议活动中的身份比较特殊。一般情况下，担负采访任务的记者不属于会议的成员，只有应邀参加新闻发布会和记者招待会的记者以及经大会同意并邀请旁听的记者才属于会议成员。

（三）议题要素

会议的议题是根据会议目标确定并付诸会议讨论或解决的具体问题。举行会议首先要明确为什么而“议”和“议”什么。为什么而“议”是明确目标，“议”什么则是明确会议议题。议题主要起到体现会议目标、引导和制约会议的信息交流的作用。

1．会议主题

一次会议中贯穿各项议题的主线叫会议主题。鲜明的会议主题能够更加清晰地凸显会议目标。会议主题有时也可以根据会议的需要确定若干个，但是会议的主题应当集中。主题过多必然导致与会者注意力分散，不利于提高会议效率。

2．中心议题

会议的目标有主次轻重之分。目标的主次轻重决定了议题的主次轻重。中心议题就是指体现会议中心目标或主要目标的议题，是相对于次要议题而言的。

3．动议

在会议期间临时提出的议题，称之为动议。动议所涉及的事项一般都较为紧急，常常是针对某项已经列入议程的议案而提出的修正性或者反对性议题。

（四）结果要素

会议的结果即会议结束时实现目标的程度。会议的结果是会议的目标、议题、会议的组织形态以及与会者之间的关系和力量对比等因素综合作用的产物。由于会议活动受到诸多因素的影响和制约，会议结果可能同目标完全一致，也可能不完全一致，有的甚至同最初的目标完全背道而驰。因此，会议的结果可以分为“有结果”和“无结果”“正面结果”和“负面结果”“有形结果”（即形成最后文件）和“无形结果”（即达到交流信息、提高认识、统一思想、增进团结等效果）等。会议的正面结果称之为“成果”。会议的结果通常以文件的形式记录下来，可以归档保存，也可以公布、传达。

1．过程文件

过程文件即在会议过程中反映和记录会议过程的文件，如会议记录（包括会谈记录、会见记录）、会议简报、最后文件的草案或讨论稿等。

2．最后文件

最后文件即在会议结束时记录会议结果的书面文件，包括各种决议、决定、纪要、公报、合同、协议、条约、协定、谅解备忘录、声明、宣传、计划、纲领等。会议最后文件可以是约束性的，即对签署文件或参与表决的与会方具有法定的约束力，也可以是倡议性的。

3．共同文件

会议共同文件特指双边或多边会谈中与会各方共同签署的文件，属于会议最后文件的一种。

（五）时间要素

会议是一种短时间的聚会活动，安排好会议时间对于开好会议意义重大。会议时间包括相互联系的两个方面的含义：

一是会议的起讫时间，即会议开始和结束的两个时间节点。组织任何会议都要考虑何时举行最佳。

二是会议的时间跨度，即会议从开始到结束所需的时间。确定会议的时间跨度，要从会议的实际需要出发。

1．会期

会期的概念有两个方面的含义：一是指会议从正式开始到结束的时间跨度。会期同会议的效率有密切关系，效率越高，则会期越短。会期应在会议通知中注明。二是指周期性会议召开的固定时间。这主要是针对一些法定性的会议来说。比如，我国的全国人民代表大会于每年3月举行。又如，联合国大会的会期一般是从每年9月第三周的星期二至12月20日左右。

2．会议周期

会议周期是指同一性质和同一会议的两次会议之间的时间跨度。比如《中国共产党章程》

规定，党的全国代表大会每5年举行一次，也就是说，举行党的全国代表大会的会议周期是5年。

3. 休会

休会一般是指会议过程的中止或会议期间的休整。具体来说有三种情形：一是会议活动受到外界因素的影响或会议暂时无法达成协议而被迫中断活动的过程，直至复会；二是为了让与会者有足够的时间来进行会外的研究、沟通和磋商，以便会议的最后文件获得顺利通过，宣布休会；三是会议期间的正常休息，目的是消除与会者的疲劳，提高会议效率。

4. 复会

复会是指会议在休会之后的继续，因此又称续会。

5. 闭会

与休会不同，闭会是指在正常情况下完成各项议程后结束会议。大型会议的闭会称为闭幕。同一性质和系列的两次会议之间的正常间隔期称为“闭会期间”。

（六）地点要素

会议地点是指举行会议活动的场所。会议活动的群体性特征决定了会议信息传递的当面性和实时性，因此，传统的会议形式都是把与会者召集起来进行面对面的信息传递和沟通。随着科学技术的发展，会议地点的观念也随之发生了很大的变化。现代会议地点可以分成若干个会场，会场也不一定要设在单位和宾馆里，家庭和交通工具中只要有电话机、电视机和计算机等通信终端，就都可以成为会场，这就使会议活动的举行更为灵活自由，更加方便快捷，从而大大提高会议的效率。

1. 主会场

主会场有两种含义：一种是大型会议活动的主要场馆，是相对于会议的辅助场馆（如分组讨论的会场、会议的新闻中心、会议秘书处所在地以及与会者和工作人员住宿的宾馆）而言。会议活动的开幕式、大会报告、投票选举、闭幕式等主要议程和活动都安排在主会场；二是指中心会场，是相对分会场而言的。当会议规模较大而无适当的会场时，或者需要举行电视、电话会议等现代化远程会议时，就必须设主会场和分会场。出席会议的主要领导、嘉宾、主持人、报告人，即一部分与会者被安排在主会场，其他的与会者可按单位或地区分别就座于分会场。如亚太经济合作组织2001年10月的上海会议有两个主会场，其中高官会议、部长级会议、领导人与工商咨询理事会代表对话会以及欢迎宴会在上海国际会议中心举行，第九次领导人非正式会议在上海科技馆举行。

2. 分会场

分会场是相对于主会场（中心会场）而言的。分会场的设置有以下几种情况：一是当主会场容量不足时，通过设分会场来解决；二是当一个会议由多方共同主办时，除设主会场外，可在其他主办方分别设分会场；三是举行电视、电话会议等现代化远程会议时，除主会场外，参加会议的各方应分别设分会场。

（七）形式要素

会议的形式是指为实现会议目标，完成会议任务，提高会议的效率，组合会议的主体、信息和物质各要素的手段和方式。会议形式是为会议内容服务的，内容和形式的统一是会议成功的必要条件。

1．会场座位格局

会场座位格局即会场内与会者座位的排列规格与次序。合适的座位格局有助于体现与会者的相互关系和会议气氛，便于信息的交流。

2．会议气氛渲染

会议气氛渲染包括两个方面：一是通过会场内外的各种装饰所产生的视觉效果，吸引与会者的注意力，调动与会者的情绪，激发与会者的热情；二是通过围绕会议的宣传活动，提高会议的知名度，扩大会议的影响力。

3．会议活动样式

会议活动样式即会议在交流信息时所依托的形式，如座谈会、报告会、辩论会、茶话会、招待会（指有既定议题的宴会）等。活动样式体现会议的目的和要求。新颖独到的活动样式往往能激发与会者的极大兴趣，增强会议的效果。

4．会议技术手段

会议技术手段即会议所依托的技术支持。科技的飞速发展，带动了会议手段的现代化，反过来，现代会议也越来越依赖于科学技术的支持。会议技术手段日新月异，由此创造的会议形式也层出不穷，如广播会议、电话会议、电视会议、网络会议等。现代化的技术手段能大大提高会议的效率并节约经济成本。

三、会展项目管理的内容

为了确保会展活动的协调、有序、高效，一个强有力的领导管理组织机构和一套相应的互动规则及机制是很必要的。会展管理的含义是：会展活动的主办者运用科学的决策、规划、组织、沟通和控制手段，以最佳的时间、最优的形式、最低的成本和最高的效率，合理配置会展资源，为实现会展活动目标提供智力和人力保障。

（一）会展人力资源管理

人力资源是会展活动的决策性要素。会展人力资源管理的任务是通过制订会展人力资源战略和人才工作计划，科学合理地设计会展工作岗位，做好会展人才招聘、培训、服务、使用、协调等一系列工作，为实现会展活动的目标提供智力和人力保障。

（二）会展营销管理

会展营销管理是为了达到会展目标而规划和实施会展理念、会展产品定位、会展服务、价格和促销策略的过程，它包括会展市场的分析、会展市场目标的选择、招展招商和招募会策略的优化，营销过程的控制等环节。

（三）信息管理

会展活动从本质上来说是一种信息交流活动。信息是会展活动的起点，也是会展活动的终点。会展信息管理的具体任务是开展信息的收集、加工、传递、储存、检索，为主办单位领导、与会者、参观者、客商和记者各方面提供及时、准确、系统和有效的信息。

（四）会展服务管理

会展服务包罗万象，会展的成功多半来自一流的服务。会展服务的对象是与会者、参展商和观众，甚至还包括媒体记者。服务的内容包括为与会者、参展商、观众和记者提供旅游、文书、通信、采访、接待、礼仪、交通、后勤、金融、展品物流、展台设计与展具制作等各方面的服务。

（五）会展财务管理

会展作为一种经济现象和经济活动，需要一定的资金投入，也会有一定的经济回报。会展财务管理的任务就在于编制财务预算、开辟筹资渠道、保证资金到位、实施财务监督、降低会展成本、提高会展效益。

（六）会展广告宣传管理

会展广告宣传管理包括会展活动本身的广告宣传和参展商、客商和赞助商的广告管理两个方面。会展活动本身的广告宣传是会展营销中最受重视和运用最广的促销策略和促销手段，是联系主办者与参会者、参展者以及众多观众的一座桥梁。它对宣传会展服务的品牌，树立和巩固会展形象，增强与会者、参展者和客商的信任度，提高招商、招展和会员招募的效率等有重要作用。

在会展活动过程中，参展商、客商和赞助商会利用场馆或媒体进行广告宣传。这类广告是主办者拥有的资源，是会展收入或资金筹集的重要渠道，因此，主办者要充分重视这类广告资源的开发利用，同时，要在广告的内容、形式、发布时间和方式等方面进行有效的管理。

（七）会展客户关系管理

会展客户关系管理的本质是为会展营销服务，它的研发是以提升服务品质、围绕展会营销而进行的。会展企业营销策略的核心在于整体协调、一致行动，在以客户为中心的基础上，找出企业突出的竞争优势，做出最佳战略选择，并努力留住好的客户，提升客户的价值。

（八）会展场馆管理

会展场馆管理及会展活动的现场管理，主要包括会场布置；报到与签到；每天开、闭馆；安排参展单位工作人员的作息时间；布展、撤展以及办理展品进出馆手续；负责场馆的安全、卫生和噪声控制等方面的管理。

【拓展阅读】

—会展项目管理者应掌握的基本技能—

一、会展策划工作者应掌握的通用性技能

1. 语言表达能力
2. 文本写作能力
3. 沟通能力
4. 组织协调能力
5. 数据分析能力
6. 互联网与计算机应用能力（收集、整理和传播信息）

二、会展策划工作者应掌握的专业性技能

（一）初级

1. 现场服务的能力（布展、撤展、接待登记）

2. 维护展会官方网站、微博、微信、QQ的能力

3. 收集、整理客户信息资源的能力

4. 编辑展览会/会议会刊、会报的能力

5. 与媒体洽商合作的能力

6. 撰写、编辑展览会/会议新闻稿的能力

7. 设计并组织实施会展配套活动的能力

8. 邀请/回访展览会观众/与会者的能力

9. 问卷调查、提交调查报告的能力

10. 现场拍摄图片的能力

11. 团队合作的能力

12. 制作PPT、演讲PPT的能力

13. 辅导新员工的能力

（二）中高级

1. 调查研究会展项目市场的能力

2. 编制会展项目财务预算的能力

3. 撰写或审查会展商务文案的能力（合同、邀请函、会刊、官方微博、微信）

4. 分析展会展商、观众/会议代表信息数据的能力

5. 编写或审查会展项目电话销售术语的能力

6. 拜访大客户的能力

7. 利用媒体的能力（新闻稿、活动策划）

8. 应用互联网和计算机技术管理项目的能力

9. 培训新员工的能力

三、会展项目管理程序

为了便于对项目活动进行控制，人们通常把一个项目从开始到结束的全过程按照先后顺序划分成若干阶段。按照会展项目的特点，可以把会展项目的周期分为五个阶段，会展项目管理的程序就是这些阶段的总和（表1–2）。

（1）启动阶段　确认一个项目或者一个阶段应当开始并付诸行动。

（2）规划阶段　为实现启动过程提出目标并制订计划。

（3）执行阶段　为计划的实施所需执行的各项工作，包括对人员和其他资源进行组织和协调。

（4）控制阶段　监控、测量项目的进程，并在必要的时候采取纠正措施，以确保启动阶段提出的目标得以实现。

（5）结束阶段　通过对项目或者项目阶段成果的正式接受，以使从启动阶段开始的这一周期有条不紊地结束。

项目的每个阶段都要经历以上五组基本的管理过程。这些并非独立的一次性事件，而是按一定的顺序发生，工作强度有所变化并互有重叠的活动。

表1-2 会展项目各阶段主要工作内容

阶段	阶段描述	本阶段工作内容
会展项目启动阶段	主要是会展项目调研、策划等行动的阶段	1. 会展项目调研 （1）会展市场调研 （2）观展市场调研 2. 会展项目构思 （1）确定会展项目主题 （2）构思项目相关内容 （3）实施可行性研究 3. 会展项目立项 （1）掌握相关立项政策法规 （2）申报会展项目
会展项目规划阶段	为确保会展项目完成而对会展项目过程提出目标，制订周密的计划	1. 制订项目计划 （1）明确项目目标 （2）确定项目范围 （3）估算项目时间 （4）编制项目预算 2. 实施项目分解计划 （1）招展项目设计 （2）观展项目设计 （3）服务项目设计
会展项目执行阶段	为实施计划所需执行的各项具体工作，包括对人员和其他资源进行组织与协调	1. 团队人员任务工作布置 （1）任务分解 （2）任务岗位落实 （3）任务实施 2. 项目设备物资配置 3. 项目资金安排
会展项目控制阶段	监控、测量项目的进程，并在必要的时候采取纠正的措施，以确保会展项目的目标得以实现	1. 会展项目控制 （1）任务监控 （2）成本控制 2. 会展项目调整 （1）人员调整 （2）预算调整 （3）目标调整
会展项目结束阶段	对会展项目最终结果做出评估和分析，并实施后续跟踪，纠正不足，以利于今后项目重复举办或开发新的项目	1. 会展结束总结 2. 会展效益评估 3. 会展管理评估 4. 会展信息反馈

【知识链接】

1. 达沃斯论坛（http://chinese.weforum.org）

世界经济论坛（World Economic Forum）是以研究和探讨世界经济领域存在的问题、促进国际经济合作与交流为宗旨的非官方国际性机构。总部设在瑞士日内瓦。其前身是1971年由现任论坛主席、日内瓦大学教授克劳斯·施瓦布创建的“欧洲管理论坛”。1987年，“欧洲管理论坛”更名为“世界经济论坛”。论坛会员是以论坛“致力于改善全球状况”为宗旨的，并影响全球未来经济发展的1000多家顶级公司。

由于在瑞士小镇达沃斯首次举办，所以日后也称其为“达沃斯论坛”。

2. 达沃斯世界经济论坛宣传片

3. 2015达沃斯论坛现场回顾

达沃斯论坛官网　　达沃斯论坛宣传片　　2015达沃斯论坛现场回顾

任务4 会展项目管理方法

一、会展项目计划管理

（一）会展项目计划概述

会展项目计划就是根据项目策划所选定的会展项目主题，确定会展项目所要完成的目标，并制订为实现这些目标的进度计划和预算安排。会展项目计划不仅有利于项目团体对目标有更清晰的认识和理解，提高项目管理的运作效率，还可以为项目控制提供依据。另外，从会展项目策划开始到实际举办有一段时间，在此期间可能会发生很多意外和风险性事件，会展项目计划可以最大限度地减少不确定性，还可事先对风险性事件进行预测，并能够事先制订预防性措施。总体来看，会展项目计划需要解决以下五个问题。

1. 何事（会展项目目标）

会展项目要实现什么样的目标，是项目经理和项目小组人员在工作过程中必须清楚的。

2. 如何（工作分解结构图）

通过工作分解结构图可以将会展项目目标分解为具体的可操作的任务。

3. 何人（人员使用计划）

人员使用计划主要决定何人何时做何事，并在工作分解结构图中简单注明人员使用计划。

4. 何时（进度表）

决定会展项目的每一项工作在何时实施，需要多长时间，每项工作需要哪些资源。

5．多少（预算）

这里主要指会展项目的预算，即预测这一项目需要多少经费。会展项目计划按照时间的长短可以分为战略式计划、战术式计划和作业式计划。

（二）会展项目计划的内容

依据会展项目计划需要解决的五个问题，会展项目计划主要包括以下几个方面的内容。

1．会展项目总体方案

项目总体方案的制订就是确定项目范围并编写项目说明书的过程。主要的议题是沟通会展项目目标，使各方面利益相关者对会展项目目标达成一致。项目总体方案需说明要进行这个项目的原因，同时形成项目的基本框架，使项目所有者或管理者能够系统地、有逻辑地分析项目的关键问题以及项目形成过程中的相互作用要素。

2．项目工作计划

工作计划也称实施计划，是为保证项目顺利开展、围绕项目目标的最终实现而制订的实施方案。工作计划主要说明采取什么方法组织实施项目，研究如何最佳地利用资源，用尽可能少的资源获取最佳利益。一般来讲，经过工作分解，将工作落实到各个部门，并且明确部门职责，制订会展工作计划。工作计划要落实到个人，如自己所负责的工作事项、完成工作的时间期限、与别人的协调关系，以使全体人员在计划的总体框架下有条不紊地完成会展工作。

3．项目人员组织计划

人员组织计划主要是各项工作任务应该由谁来承担以及各项工作间的关系如何。其表达形式主要有框图式、职责分工说明式和混合式三种。

4．项目进度计划

进度计划是指项目中各项工作的开展顺序、开始及完成时间及相互衔接关系的计划。进度计划是根据实际条件和合同要求，以项目的交付使用时间为目标，按照合理的顺序所安排的实施日程。其实质是把各活动的时间估计值反映在逻辑关系图上，通过调整，使得整个项目能在预定时间和预算范围内最好地完成。进度计划也是物资、技术资源供应计划编制的依据。

5．项目资源计划

项目资源计划就是要决定在每一项工作中用什么样的资源以及在各个阶段用多少资源。资源计划必然和费用估算联系在一起，是费用估算的基础。费用估算是完成项目各个工作所需资源（人、材料、设备等）的费用近似值，是项目财务管理的重要组成部分。

6．展览观众组织计划

展览观众组织计划包括观众来源以及各类观众所占比例、观众组织方法以及相应的宣传方式。其中观众组织方法，主要包括直邮广告、报刊广告、直接征询意见方式、新闻发布会及相关方式、网络广告等几种形式。

二、会展项目进度管理

会展项目管理中，会展项目的进度管理是其核心内容。会展项目管理过程中尤其在前期准备过程中有大量细致的工作，而且每项工作相互交叉、错综复杂，因此必须对每项工作开始的时间、需要的时间以及结束的时间做出详细的规定。会展项目的举办时间都有明确的规定，而且具有不可更改性，所以会展计划都要以举办时间为基点，以倒推的方法制订进度计划，以控制各项工作的进度。

会展项目进度计划的编制一般包含以下几个步骤：项目描述、项目分解、工作描述、工作责任分配表的制订、工作先后关系的确定、工作时间估计、进度安排。

（一）会展项目描述

会展项目描述分别列出项目目标、项目范围、项目如何执行、项目完成计划等内容。项目描述是制订项目计划和描绘工作分解图的依据。项目描述的依据是项目的理想规划书、已经通过的初步设计方案和批准后的可行性报告。

项目描述表格的主要内容有：项目名称、项目目标、交付物、交付物完成准则、工作描述、工作规范、所需资源估计、重大里程碑、项目负责人等。

（二）会展项目分解

1. 会展项目工作分解结构

会展项目目标确定以后，要编制出完善的进度计划，就要对项目进行分解，就是把整个会展项目分成便于执行的各个具体任务。项目分解是编制进度计划、实施进度控制的基础。

项目分解所采用的工具就是工作分解结构图。工作分解结构（Work Break-down Structure，WBS）就是将整个会展项目分解成为便于管理的具体活动。通过这种方法可以把一个项目分解为由任务、子任务、工作包等构成的等级式结构，就好比直接源于项目行动计划的一种树状图一样，是一个随项目工作由粗到细的分解过程。工作分解结构图将项目工作及其内容确定下来，最后以表格的形式列出，即编制一个项目工作列表或图，也是工作分解和工作定义的最终结果。

2. 制定WBS的过程

（1）根据项目目标召开与此项会展项目有关的人员会议，集体讨论主要工作事项。

（2）分解会展项目的各项工作。WBS分解工作的一般步骤是：总项目、子项目或主题工作任务、主要工作任务、次要工作任务、小组任务或者工作元素。

（3）画出相应的树状图，即WBS图。

（4）对每个子项目进行描述，并确定每个子项目的生命周期。

（5）将主要的子项目分解成更细、更便于管理的任务。

（6）进行反复的讨论和严格论证，以验证项目工作分解是否正确、恰当，并及时调整。

（7）在验证分解完全正确后，建立一套标号系统。

（8）随着其他计划编制活动的进行，对WBS作进一步的修改。

上述步骤所形成的工作分解结构图就定义了整个会展项目中所有的项目范围。包含在WBS中的每一项工作都必须很好地完成。因此会展项目分解过程十分重要，是决定项目成败的关键。会展项目经理和各个职能经理以及项目小组的每个成员都应该积极参与到项目分解工作中，以使其更符合会展项目管理的需要。

在会展项目中，一般在第一层次上按会展项目的工作流程分解，而第二层次和更低层次则按工作的内容划分。

WBS编码就是为项目工作分解图中的每一项工作确定一个编码，而且要求每项工作只有唯一的一个编码。编码可以采用多位数字，具体采用数字的位数视项目的复杂程度而定。一般来说，项目越复杂，采用的编码位数越多，如表1–3所示。

表1–3 展览项目工作WBS编码

展前准备1100	实施1200	现场工作1300	展后工作1400
制订目标1110 制订营销计划1120 组织计划1130 平面布置1140 确定承包商1150 制订参展商条件1160	数据库管理1210 印刷资料1220 参展商宣传1230 观众宣传1240 参展商管理1250 编制产品目录1260	观众统计1310 参展商统计1320 开幕式1330 现场管理1340 协调1350	拆除1410 废物清理1420 控制消耗品1430 检查1440 损坏情况1450 展后调查1460 展后评估1470 展后报告1480

（三）工作描述

在对会展项目进行分解的基础上，为了更明确地描述项目包含的各项工作的具体内容和要求，需要对工作进行描述。前文也已提及，项目工作分解应注意与任务描述表一起进行。工作描述的依据是项目工作分解图，其结果是工作描述表及项目工作列表。

1. 工作（任务）描述表（表1–4）

表1–4 工作（任务）描述表

任务名称	制订展览营销计划
任务交付物	营销计划
任务描述	市场调研、确定目标市场、营销组合
考核标准	报名展览目标、层次和数量达到预期的目标
假设条件	制订展览目标、签订租用场馆合同
约束	营销预算
其他	风险：可能临时更改展览地点
负责人	营销负责人

2. 项目工作表

如果把每项工作（任务）描述表进行汇总，就可以用列表的形式表示所有工作的基本流程（表1–5）。

表1–5 项目工作表

工作编码	工作名称	输入	输出	内容	负责单位	协作单位	相关工作

项目工作列表中每一项的具体含义如下：

（1）工作编码　WBS编码中为每项工作编制的代码是唯一的代码。

（2）工作名称　各项任务的名称。

（3）输入　完成本项任务的前提条件。

（4）输出　完成该项任务之后可交付的成果。

（5）内容　本项任务需要做的工作以及具体的流程。

（6）负责单位　负责本项任务的单位或部门。

（7）协作单位　完成本项任务的协作单位或部门。

（8）相关工作　与本项任务相关的下一层次的工作。

工作任务描述表和工作列表应该能够清楚表明每项任务的最终输出结果，表明此项工作为下一步骤的工作创造了什么条件，以及此项任务开始之前必须具备哪些条件。这样就可以使项目小组人员清楚项目工作分解结构图中每项任务之间的前后联系和先后顺序，从而为进度安排作准备。

（四）制订工作责任分配表

工作责任分配表就是将分解的工作落实到有关部门和个人，并且明确表示出有关部门（或者个人）对各项工作的关系、责任和地位。工作责任分配表可以明确每个部门和每个项目成员在项目中的职责，还可以表明项目组织内部各部门之间、人与人之间的项目关系。责任分配表使每个成员清楚自己的职责，还能够清楚自己与他人的协作关系，有利于项目小组成员之间以及部门之间的协调。责任分配表通常是将工作分解结构图与项目的有关组织结构图对照，根据每项工作的任务描述和性质特点以及每个部门成员之间应该承担的责任分配任务，形成责任分配矩阵。

除矩阵形式外，责任分配表可以有多种表现形式，但不管用何种形式来表示，基本的格式都是表格或者矩阵的列项用WBS编码标明分解后的各项任务，横项则列出项目组的各部门或者负责人员，在横项与列项相交的空格内则用图例符号表示任务和各部门或各成员之间的关系。

当然在实际工作中，不同的展览项目的组织结构不同，项目成员不同，因此所分解的任务也不会相同。

（五）确定工作顺序

根据任务描述的表格或者工作列表可以看出，在会展项目中有很多工作的执行需要有一定的前提条件，依赖于一定工作的完成。确定工作先后顺序是制订进度计划的前提，项目管理人员必须知道每项工作的先后顺序，再结合完成每项工作所需要的时间，确定会展项目各项工作先后顺序的依据有以下几点。

1．任务描述中或会展项目工作列表中的各项内容

如任务描述、考核标准、假设条件、约束、输入输出等。

2．各项活动之间的必然联系

活动之间的必然联系是指各项任务和工作之间按照客观规律的需要所必然出现的先后顺序。如按照会展活动的整个流程来看，必须先做展前准备工作，才做现场管理工作，最后做后续工作，这种展会的自然运作流程是不可更改的，同时也决定了这几项工作的先后顺序。这种活动之间的必然联系也被称为项目活动安排的“硬逻辑关系”，是一种不可违背的先后顺序关

系，是做会展项目安排的重要依据。

3. 会展项目之间人为的依据关系

会展项目中有很多活动并没有严格的先后顺序，有些活动可以交叉进行。对于这些活动，不同的项目管理者根据不同的、具体的会展项目，也可以有不同的顺序安排。因为这种活动安排带有明显的人为性和主观性，因此也被称为“软逻辑关系”。

4. 会展项目活动的约束条件

会展项目的安排工作就是依据以上几个方面的条件，通过反复的论证和优化，编排出项目活动之间顺序的一项管理工作。编排各项工作的顺序可以用图形表示，也可以用文字表示。不管以什么方式来表示，在决定以何种顺序可以安排会展项目活动时，都需要针对每一项活动回答三个问题：一是该活动可以开始之前，有哪些项目活动已经完成？二是哪些活动可以与该项活动同时开始？三是哪些活动只能在该活动完成之后开始？在明确了这三个问题之后，就可以合理地安排项目活动顺序并绘制项目顺序图，从而全面描述会展项目中各活动之间的相互顺序和关系。

（六）工作时间的预估

会展项目的工作时间预估是对已经确定的项目活动进行工作时间的估算。某项工作时间是指在一定条件下，直接完成该工作所需时间与必要间歇时间之和。工作时间的估算是会展项目计划中非常重要的基础工作，直接关系到各项任务的起止时间的确定以及整个项目完成时间的确定。如果给某项工作分配时间过短，则可能使项目成员不能保质保量地完成工作；而分配时间过长，则可能会影响整个会展项目的顺序进行。

会展项目工时估算是建立在以下几个方面资料的基础上的。

1. 工作列表

工作列表是项目工作分解（WBS）的结果，列举了会展项目所需展开的全部活动。

2. 会展工作的约束条件和假设前提

有关约束条件和假设前提在任务描述书中有所说明。

3. 资源数量要求和质量要求

会展工作时间受分配给该工作的资源数量和质量的影响。如分配给某项工作的人数越多，那么完成该项工作所需的时间就越短。再如某项工作的人员素质越高，所需的时间就越少。但对于会展项目来说，某项工作所分配得到的资源数量和质量与该项工作所需的时间之间并不一定呈现上述所说的关系。比如对于展前的营销工作来说，无论是分配会展项目计划制订还是到会展活动实际举办的全过程都不一定呈现上述关系。

4. 历史信息

会展活动的历史信息对于项目工作时间的确定具有很大的参考价值。如果以往同类型展会运作比较成功，则说明其在工作上的安排比较合理，可以借鉴。值得注意的是，没有两个展会是完全相同的，即使是同一个名称的会议和展览活动，由于在不同的时间举办，所面对的各种约束条件也不一样，应该根据实际情况因时因地的变化来运作。

（七）进度安排

在把项目分为各个分任务，并确定各项工作、活动的先后顺序和每一项工作的时间后，就可以安排项目的时间进度。项目进度安排是项目控制的重要依据，它是以项目工作分解结构、先后顺序、时间为依据、详细安排每项工作的起始终止时间的一种有效的项目管理方法。项目进度计划是项目管理者的重要职能，项目负责人员都应该参加项目进度计划的制订工作。

项目进度安排的主要内容是设想工作计划的开始和终止时间。编制项目进度计划的主要目的是对会展项目进度实施控制。编制项目进度计划的方法有以下几种。

1. 甘特图

甘特图是美国学者甘特在20世纪初发明的一种最早的项目计划方法，这种方法使用棒图或者条形图，表示项目活动顺序并安排和计划项目的工期。甘特图把项目活动按照纵向排列展开，而横项则表示项目或是时间与工期，并将每项活动的持续时间的长短用棒图的长短来表示。甘特图法简单、明了、直接、易于编制，至今还在项目管理的进度计划中被普遍使用。表1-6是用甘特图表示的某展览项目的进度安排。

表1-6 会展项目进度安排的甘特图

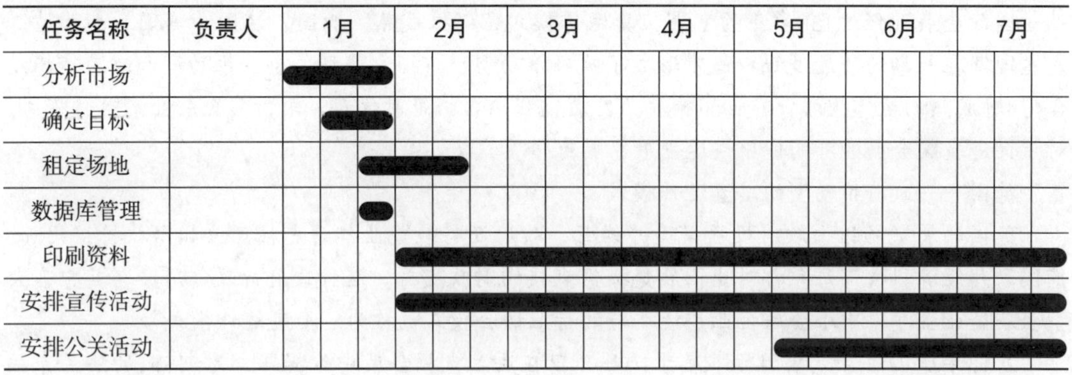

2. 里程碑计划

项目中的里程碑事件是指对整个项目有重大的影响，决定项目成功与否，并对其他工作有着重要参考价值的重大事件。里程碑计划是以项目中某些重要事件的完成或者开始时间作为基准形成的计划，是一个战略计划或者项目框架。通过里程碑计划可以对项目进度有宏观上的把握，是编制更细进度计划的基础。会展项目管理中会有很多里程碑事件，如会展目标的制订、营销计划的制订、对参展商和观众的宣传等。表1-7是以会展项目中里程碑事件的起始时间为基准制订的里程碑计划。

当然也可以里程碑事件的结束时间为依据制作里程碑计划表。但是不论是以开始时间还是以完成时间为依据，里程碑计划的宏观安排，不能代替更细的包括每一项任务的起止时间的进度安排。

一般来说，里程碑事件在持续时间较长的会展项目中使用比较广泛，比如在奥运会、世博会的进度计划中首先要做的就是里程碑事件计划，在此基础上再做更细的进度安排。

表1-7 里程碑计划表

里程碑事件	1月	2月	3月	4月	5月	6月	7月
	上中下	上中下	上中下	上中下	上中下	上中下	上中下
制订目标							
制订宣传计划							
参展商宣传							
观众宣传							

【拓展阅读】

—国外会展业运作模式—

国际会展业经过150多年的发展，其运作模式已经很成熟。德国、法国、美国、新加坡等发达国家在长期的发展过程中逐步形成了政府推动型、市场主导型、企业推动型和政府市场结合型4种成熟的运作模式，在世界会展业发展过程中占据绝对优势。剖析其会展业的运作模式，对于促进我国会展经济的健康快速发展，具有借鉴意义。

德国——政府推动型的垂直运作模式

德国的展览场馆由政府投资兴建并经营，政府还将展览业作为支柱产业加以扶持，比如，德国联邦经济科技部每年都对出国展览提供直接的财政支持。这种政府行政作用参与其中、大型会展企业主导、中小会展企业广泛参与的行业协会模式被称为“垂直运作模式”。

2013年德国法兰克福国际书展于10月 8 日在法兰克福会展中心揭幕，为期5天的法兰克福书展于德国当地时间10月13日闭幕。这场出版界的年度盛会共吸引了约28万观众前来参观，来自100多个国家和地区的7300多家书商参展，其中包括约160家中国展商。法兰克福书展被誉为“出版界的奥林匹克”和“世界文化风向标”，每年都会有100多个国家、7000多家出版商、30多万个新品种参展。

在德国，展览业拥有自己的行业协会——德国展览业协会（简称AUMA）。政府部门和行业协会只是展览业的治理者和协作者，不直接参与展览举办。德国的展览场馆由政府投资兴建并进行经营，政府还将展览业作为支柱产业加以扶持，比如，德国联邦经济科技部每年都对出国展览提供直接的财政支持，而且通过特定的组织或机构，组织德国企业赴国外参加展览会。当地的会展公司拥有自己的大型会展场馆，由政府控股组建集体公司进行商业化运作，实行企业化管理，而且会明确资助项目、制订官方参展计划等。

德国之所以成为全球会展中心，是因为其会展业实行规模化、产业化运作，举办的展览具有专业性和国际性特点。目前，世界前10家营业额最大的展览公司中有5家设在德国。据AUMA国际部主任斯宾格介绍，德国每年举办约300场展览会，其中国际展和国内展各占半数，世界2/3的顶级行业展览会在德国举办。

德国会展业成功的另一个关键因素就是组织模式和产业结构的成功。德国会展业在长期发展中构建了以行业分工为主、地区分工为辅、面向全球的强大会展网络。德国展会设立的首要原则就是行业细分市场明确。在行业分工明确的基础上，各地区逐渐形成了独具特色的会展品牌。德国的汉诺威、法兰克福、慕尼黑等都是国际著名的展览城市，在这些大中型城市中通常都为会展产业开辟出一个特定的地区，构建专门的展厅。会展的主要形式已不是综合性的博览，而是带有浓厚的专业性质。

美国——企业推动的水平运作模式

美国是世界会展业的后起之秀，每年举办的展会近万个。目前，拉斯维加斯、奥兰多、芝加哥等已成为美国著名的会展中心城市，一些专业协会影响力也日益增加，如美国国际展览管理协会（IAEM）、美国专业会议管理者协会（PCMA）等。

美国会展业的管理主要依靠行业自律，属于企业推动型的管理模式，以企业自愿参加为特点，具有较强的民间性，主要通过自律机制相对独立地承担管理责任。没有专门的政府部门通过行政手段来直接管理会展业。任何商业机构和贸易组织都不需要特殊的审批程序就可以进入会展业，其会展项目基本不需审批。这种模式的最大特点是企业自主推动，会展企业在发展过程中遇到问题时，会出于维护自身利益和市场秩序的需要，被迫产生组建行业协会的冲动，尝试着用行业自律的方式规范市场秩序。

行业协会为企业提供技术与信息服务，协调政府、企业、消费者之间的关系，同时实力强劲的行业协会，如美国商会及美国制造商协会与联邦政府、议会都保持密切联系。当政企发生矛盾时，这些行业协会组织寻求议会的支持与介入，按照长期以来美国人所推崇的对立制衡原则处理政府与行业协会的关系。

美国政府对会展业提供间接支持，通过对展览会的质量和组展水平进行认证和监督，以保证美国企业无论是出国参展还是参加国内展览都能取得较好的参展效果。由美国商务部具体负责的贸易展认证计划对组织美国企业集体出国参展活动进行审核、监督并提供相关服务。对审查合格者授予“贸易展认证”证书，获得认证的组展单位可在招展材料和组展宣传材料中使用美国商务部授予的贸易展认证Logo；美国商务部通过其在国内外分支商务机构宣传获得认证的展览会项目，并对企业参展和出口业务洽谈提供服务和支持。此外，美国商务部通过实施“国际购买商项目”把大批高质量的专业观众带到展览会现场，使美国参展企业不出国门就能有效接触到来自世界各地的潜在客户。

法国——市场主导型的综合运作模式

法国大型展览会的国际化程度不断提高，作为法国最负盛名的当代艺术博览会，2013年法国国际当代艺术展览会FIAC将于10月24日开展。据悉，将有24个国家的194家现代与当代艺术画廊参加这场艺术盛会。该博览会总监珍妮弗·弗雷表示，今年的博览会申请参展的展商较去年翻了一番。地理、交通环境优越，具有世界一流的会展场馆和服务系统，使它成为世界会展业的领头羊之一。经过多年的发展，法国会展业也形成了自身独有的运作模式。

以法国为代表的“综合运作模式”是指在市场的推动下，政府参与管理。如展馆设施由政府投资建设，组成国有场馆公司负责展馆的经营管理，不进行会展项目的运营。而展览公司则不拥有展馆设施，也不参与展馆经营，主要从事会展项目经营。对于这种业务划分方式，法国行业主管部门认为，这能促进会展公司之间的公平竞争，也有利于场馆专心做好场馆服务工作。这种比德国模式更细的社会分工，有利于提高会展服务专业水平。

在整个运作模式中，法国会展委员会与德国AUMA相同，行使宏观管理权，除制定有关的管理制度、组织人员培训外，还负责会展经费的预算和支配，准备下一年度的工作方案，并要听取涉及国的大使馆经济处的意见和有关企业的意见，并向分管部长报告，在讨论全年预算中拍板决定。

新加坡——政府主导型的综合运作模式

亚洲会展业的规模和水平虽不及欧美国家，但一些亚洲国家凭借各自不同的优势，成为该地区的展览大国，新加坡便是其中的佼佼者。新加坡已连续17年成为亚洲首选会展举办地城市，每年举办的展览会和会议等大型活动达3200个，平均每年有40多万国际游客赴新加坡参加4000多个国际性会议和展览展销活动，人均消费在2000美元以上。

新加坡的会展业属于政府主导型，新加坡旅游局的展览会议署建于1974年，主要任务是协调、配合会展公司开展工作，在国际上介绍新加坡举办国际会展的优势条件，促销在新加坡举办的各种会展。该署不是管理部门，只是协调配合展览公司开展工作，而且不向新加坡的会展公司收取任何费用。在新加坡举办会展没有任何管理法规，举办展会也不需要任何审批手续。

发展会展经济，展馆建设是首要条件之一。新加坡博览中心就是有政府背景的新加坡港务集团投资建立的，博览中心展览面积达6万平方米，每年场地出租率达45%。

另一处非常有特色的展览会场是新加坡国际会议与展览中心（新达城），据了解，新达城建成的第二年就卖出了两栋楼，收回了投资。该中心总层面积10万平方米，每年在这里举办的各种会议、展览等活动有1200多个，许多国际高峰会议都在这里举行。

政府的主要作用是促进经济活跃和加强基础设施建设，新加坡旅游局的展览会议署每年都有计划地向世界各地介绍新加坡旅游会展方面的情况，并且在世界各地举办新加坡会展经济方面的研讨会，让各国了解新加坡的优势。凭借自身发达的交通、通信等基础设施、较高的服务业水准、较高的国际开放度以及较高的英语普及率，新加坡连续17年成为亚洲首选会展举办地城市。

【项目小结】

本项目主要介绍了会展项目的特点和会展业发展的特点；介绍了现代会展项目管理的理论，以及应用项目管理的方法管理会展项目与传统的会展活动组织管理的区别；介绍如何对会展项目进行阶段划分以利于管理复杂的会展项目活动，实现对复杂的会展活动进行整合；最后强调了项目负责人对会展项目成功的重要性，以及应该如何选择合适的项目经理，同时他应该具备哪些必要的能力。

【项目实训】

每年的秋季和春季，各地都有大大小小的各种展会活动，请到展会现场观察，对一个展位的构成部分及展区内的各种活动组成部分进行分类和总结，做到图文并茂。

1. 操作步骤

步骤一：在出入口观察

步骤二：展区布局观察、展位观察

步骤三：主题活动观察并分类

2. 学生互评与教师点评

学生互评与教师点评表

大类指标	分类指标	分值	学生互评	教师点评	总分
观察能力与资料收集整理	展览内容	5			
	展览中存在的问题	5			
	资料全面性	5			
	资料整理角度选择	5			
主题活动设计	主题活动类型	10			
	主题活动相关性	15			
	主题活动策划	15			
	主题活动参与情况	10			
口头表达能力	表述准确性	10			
	专业术语使用	10			
	中心思想突出	5			
	身体姿势	5			

项目二

会展项目市场调查与可行性分析

【项目概述】

会展项目的策划与执行是一项严格的系统工作，需要事前进行充分的市场调研和可行性分析。调研的内容包括市场前景分析、潜在客户需求调查等，在市场环境评估中引入SWOT分析法，进行优势和劣势、机遇和威胁的分析，同时在定性、定量分析的基础上，全面把握、综合考虑，编制出会展项目立项可行性报告。

【项目学习目标】

1. 掌握会展市场调查方法和技术。
2. 掌握市场调查问卷设计技术。
3. 掌握会展立项调查实施的能力。
4. 掌握会展项目可行性分析的能力。
5. 掌握会展项目可行性方案写作的能力。

【案例导入】

—展会项目立项可行性研究报告—

《展会项目立项可行性研究报告》要对展会立项是可行还是不可行作出系统的评估和说明，并为最终完善该展会项目立项策划的各具体执行方案提供改进依据和建议。因此，《展会项目立项可行性研究报告》主要包括以下几项内容。

1. 市场环境分析

（1）宏观市场环境　包括人口环境、经济环境、技术环境、政治法律环境、社会文化环境等。

（2）微观市场环境　包括办展机构内部环境、目标客户、竞争者、营销中介、服务商、社会公众等。

（3）市场环境评价　SWOT分析法，即内部优势、内部劣势、外部机会、外部威胁分析。

2. 展会项目生命力分析

（1）项目发展空间　即分析举办该展会所依托的产业空间、市场空间、地域空间、政策空间等是否具备。

（2）项目竞争力　包括展会定位的号召力、办展机构的品牌影响力、参展商和观众的构成、展会价格、展会服务等。

（3）办展机构优劣势分析。

3. 展会执行方案分析

对计划举办的展会的基本框架进行评估，具体包括：

（1）展会名称和展会的展品范围、展会定位之间是否有冲突。
（2）办展时间、办展频率是否符合展品范围所在产业的特征。
（3）展会的举办地点是否适合举办该展品范围所在产业的展会。
（4）在展会展品范围所在产业里能否举办如此规模和定位的展会。
（5）展会的办展机构在计划的办展时间内能否举办如此规模和定位的展会。
（6）办展机构对展会展品范围所在的产业是否熟悉。
（7）展会定位与展会规模之间是否有冲突。

招展招商和宣传推广计划评估，具体包括：
（1）招展计划评估。
（2）招商计划评估。
（3）宣传推广计划评估。

4. 展会项目财务分析

（1）价格定位。
（2）成本预测。

举办一个展会的成本费用一般包括：

① 展览场地费用：即租用展览场馆以及由此而产生的各种费用。这些费用包括：展览场地租金、展馆空调费、展位特装费、标准展位搭建费、展馆地毯及铺设地毯的费用、展位搭装加班费等。

② 展会宣传推广费：包括广告宣传费、展会资料设计和印刷费、资料邮寄费、新闻发布会的费用等。

③ 招展和招商的费用。

④ 相关活动的费用：包括技术交流会、研讨会展会开幕式、嘉宾接待、酒会、展会现场布置、礼品、展会临时工作人员的雇佣费用等。

⑤ 办公费用和人员费用。
⑥ 税收。
⑦ 其他不可预测的费用。

（3）收入预测。

举办一个展会的收入一般包括：
① 展位费收入。
② 门票收入。
③ 广告和企业赞助收入。
④ 其他相关收入。

（4）盈亏平衡分析。
（5）现金流量分析。
① 净现值分析。
② 净现值率分析。
③ 获利指数。
④ 内部收益率。

5. 风险预测

（1）市场风险。

（2）经营风险。

（3）财务风险。

（4）合作风险。

6. 存在的问题

包括通过以上可行性分析发现的展会项目立项存在的各种问题、研究人员在可行性分析以外发现的可能对展会产生影响的其他问题等。

7. 改进建议

针对上述问题，提出对展会项目立项策划的改进建议，指出要成功举办该展会应该努力的方向等。

8. 努力的方向

根据展会的办展宗旨和办展目标，在上述分析的基础上，针对存在的问题，提出要办好该展会所需要具备的其他条件和需要努力的方向。

讨论 如何制订一份完整的会展项目可行性调查方案？

分析 任何一次会展活动都需要事前进行充分的市场调研，调研的内容包括市场前景分析、潜在客户需求调查等；在定性、定量分析的基础上，全面把握，进行综合考虑，写出会展项目立项可行性论证报告，这是策划人员对自身所代表的组织和举办地的能力、条件、展会预期效益等进行全面分析，并以此作为经营管理人员和投资者的决策依据。

【知识链接】

2015中华老字号博览会（http://www.chinalaozihao.com）

微信扫码进入观看

任务1 会展市场调查

一、市场调查方法和技术

（一）市场调查的含义

市场调查是运用科学的方法，有目的地、系统地搜集、记录、整理有关市场营销信息和资料，分析市场情况，了解市场的现状及其发展趋势，为市场预测和营销决策提供客观的、正确的资料。

（二）市场调查方法

1. 文案调查法

文案调查法又称资料查阅寻找法、间接调查法、资料分析法或桌面调查法。通过搜集各种历史和现实的动态资料，从中摘取与调查有关的情报，对调查内容进行分析研究的一种调查方法。

2. 访问调查法

访问调查法又叫访谈法，是通过访问信息采集对象，与采访对象直接交谈而获取有关信息的方法。首先要做好充分的准备，认证选择调查对象，了解调查对象，收集有关业务资料和相关的背景资料；其次，在访问过程中，采访者要能按照既定的调查思路控制访问过程，又要机智灵活地根据访问情境适当调整。这种方法的优点是可以对问题进行深入探讨，获得高质量的信息。缺点是费时间、费财力、费人力，采访对象相对较少。访问调查法包括座谈采访、会议采访、观察访问、信函采访、留置调查、网上调查等形式。

3. 观察调查法

观察调查法又叫观察法，是指在自然情形中或预先设置的情形中，通过感官或借助于一定的科学仪器去直接观察被研究对象，以了解其活动及变化发展规律的研究方法。

4. 实验调查法

实验调查法又叫实验法，是指人们根据一定的科学研究目的，运用一定的物质手段（科学仪器和设备），在人为控制或变革客观事物的条件下获得科学事实的方法。

（三）市场调查技术

在市场调查的准备阶段中，一个很重要的工作就是要确定调查对象，即“向谁调查”。从调查对象的选择上，既可以是面向总体的全部调查单位，也可以是面向总体的一部分调查单位，由此产生了全面调查和非全面调查。在非全面调查中，又因为可以选择典型对象、重点对象或抽取部分对象作为调查对象，由此产生了典型调查、重点调查和抽样调查。

1. 选择调查对象的技术

（1）全面调查　又称为普查，是指在某一时点上对所有的调查对象逐一进行的调查。

（2）重点调查　指在全体调查对象中选择一部分重点单位进行调查，以取得统计数据的一种非全面调查方法。

（3）典型调查　指根据调查研究的目的，在若干同类调查对象中选取一个或几个有代表性的对象进行系统、周密的调查研究，从而认识这一类对象的本质特征、发展规律，找出具有普遍意义和有价值的经验以及值得吸取的教训。

（4）抽样调查　是一种非全面调查，它是从全部调查研究对象中，抽选一部分单位进行调查，并据以对全部调查研究对象作出估计和推断的一种调查方法。

2. 调查问卷的设计步骤

（1）调查问卷的设计包括以下十个步骤。

步骤1：把握调研的目的和内容——规定设计问卷所需的信息

步骤2：搜集有关研究课题的资料

步骤3：确定调查方法的类型

步骤4：确定每个问答题的内容

步骤5：决定问答题的结构——即封闭性问题和开放性问题

步骤6：决定问题的措辞

步骤7：安排问题的顺序

步骤8：确定格式和排版

步骤9：拟定问卷的初稿和预调查

步骤10：制成正式问卷

（2）调查问卷的设计结构包括问卷开头、问卷主体和问卷结尾三个部分。

① 问卷开头的设计：目的是引起被调查者的注意和兴趣，取得被调查者的支持和合作。构成内容上主要包括尊称、调查的目的、意义、调查内容、问卷填写要求等，尤其是说明调查者的身份，身份说明可以放在开头，也可以放在说明的末尾。

② 问卷主体部分的设计：主体部分包括编码、调查内容、被调查者基本情况等。该部分应该确定问题类型及问题回答的技巧，同时确定问题答案的具体项目。

③ 问卷结尾的设计：问卷的结尾很简单，如果是面谈访问或电话访问一般可以不必设计结尾，如果是寄卷访问或面卷访问，一般注明调查人员姓名、调查时间、调查地点等，还应不定期地对被调查者表示感谢。

（3）问卷设计中的常用量表有评比量表、语义差异量表。

① 评比量表：它是由调查者把所测定的事物按不同的态度、强度顺序列出一系列答案，然后由被调查者自由选择答案的一种常用顺序量表（表2–1）。

表2–1　评比量表

非常喜欢	比较喜欢	一般	比较不喜欢	非常不喜欢

② 语义差异量表：是用一系列的反义词，来测定被调查者对某一项目的态度（表2–2）。

表2-2　语义差异量表

服务质量好					服务质量差
	5	4	3	2	1

3. 市场调查资料的整理与分析技术

（1）资料的检查和编辑主要有以下三种形式。

① 资料的检查：是指对回收问卷的完整性、有效性进行检查。

② 资料的编校：是对收集到的资料进行检验、检查，验证各种资料是否真实可靠，合乎要求，剔除调查中取得的不符合实际的资料。

③ 资料的整理：将资料分类编号，进行统计分析和编辑整理，对实地调查得来的资料检查误差，发现记录不完整和数据前后矛盾的地方。

（2）调查资料的分类有以下两种形式。

① 分组：是分析调查目的和调查内容按照某一标志将调查总体分成若干个部分。

② 汇总：是分组之后的一个重要步骤，主要任务就是将市场调查的各种原始资料按照分组标志进行统计汇总。

（3）数据表现　经过汇总、制表，就完成了资料整理的全部过程，可以进入下一个工作环节——资料分析。

（4）资料分析主要有以下三种方式。

① 定性分析：是调查者运用知识、经验、主观分析判断能力及推理，对不能量化的事物进行分析、判断，从而达到对事物本质和规律性的认识。

② 定量分析：是对事物现象的数量特征、数量关系与数量变化的分析，其功能在于揭示和描述社会现象的相互作用和发展趋势。定性分析是定量分析的基本前提，没有定性的定量是一种盲目的、毫无价值的定量；定量分析使定性分析更加科学、准确，它可以促使定性分析得出广泛而深入的结论。

【知识链接】

1. 街头100人大调查“你给妈妈做过饭吗？”
2. 英国伦敦街头中国印象大调查

扫码观看“你给妈妈做过饭吗？”

伦敦街头中国印象大调查

二、会展立项调查的内容

会展立项调查就是调查市场信息的过程，是策划立项举办一个展览会最基础的工作。其目的是客观地反映市场态势，为全面认识市场、进行市场分析和预测以及为办展机构进行科学决策提供依据。对于策划举办一个展览会而言，市场信息搜集主要涉及四个方面：市场、产业、相关展会以及法规方面的信息。

（一）市场信息

现在，我国大部分的展览会都是市场化的商业性展会，政府全程包办的展览会越来越少。举办市场化的商业性展会，需要对市场进行全面的了解，并能对各种市场信息进行全面的认识和深入的分析，并在其基础上作出科学的应对决策。如果市场信息不全，仅凭片面信息作出的决策就会出现偏差，有的甚至会使展会全盘皆输。

从策划举办一个展览会的角度出发，需要收集的市场信息主要有以下几点。

1．市场规模

某一产业市场规模的大小，对在该产业内举办的展览会的规模会产生直接的影响。如果市场规模过小，举办该产业主题展会就会失去市场基础，展会就很难举办成功。了解市场规模不仅要了解现在的市场规模，还要预测将来市场规模的增减趋势，因为市场规模的增减直接影响到会展规模的变化。如果市场规模缩减过快，那展会规模也会在较短时间内很快缩小。当市场规模缩减到一定程度时，展会也就失去了继续存在的基础。

2．市场竞争态势

市场竞争态势对企业的参展意愿会产生重要的影响。市场竞争态势是指产业内部企业之间的竞争关系以及政府对该产业的控制力和影响力如何。对于垄断产业，不管这种垄断性是来自产业本身还是来自政府的政策，产业内企业通过参加展览会这种方式来营销自己的产品的积极性就较小，在该产业内举办展览会的难度就较大；市场竞争较自由的产业，产业内企业通过参加展览会这种方式来营销自己的产品的积极性往往较大，在该产业内举办展览会就比较容易。

3．经销商数量和分布状况

除了生产企业外，各种经销商也是展览会重要的潜在客户。他们既可能是参加展览会的参展者，也可能是参观展览会的专业观众。事先要准确掌握某一产业的经销商数量，也要掌握零售商的数量；对于经销商的分布状况，不仅要掌握其在全国的分布状况，也要掌握其在各省市的具体分布状况；对于国际性的展览会，除了要掌握国内经销商数量和分布状况外，还要尽量多地去掌握该产业在全世界较重要的经销商的数量和分布状况。

4．行业协会状况

产业内是否存在行业协会，行业协会在产业内的号召力如何，这些对展览会的成功举办有较为重要的影响。如果产业内存在行业协会，则意味着该产业内有一些较统一的行业规范和行业管理，产业内的企业行为和市场行为会受到某些条例的约束，否则，市场会较为无序。如果行业协会在产业内有较大的号召力，则行业协会对某一展会的评价或看法会对企业的参展意愿和参展行为产生较大的影响；反之，其对企业的参展意愿和参展行为的影响就会微不足道。

5．市场发展趋势

市场发展趋势直接影响到展览会未来发展前景。了解某一产业的市场发展趋势，就是要在了解该市场现状的基础上，对该产业市场的未来发展趋势做出科学的预测，以此了解在该产业里举办展览会的发展前景如何，并为展览会的未来发展做出预测和规划。对于策划举办一个展览会而言，需要了解的市场发展趋势包括很多内容，如市场容量的增减趋势、市场集中度的发展趋势、产业市场营销方式的变化趋势、市场竞争的发展趋势、市场分布状况的变化趋势等。

6. 相关产业状况

这里的“相关产业状况”是指与本产业有产品使用关系的相关产业状况。所谓“有产品使用关系”是指该产业产品的中间用户或最终用户，或者该产业是本产业生产设备和中间产品的提供者。例如，举办体育用品主题的展览会，除了体育用品产业之外，需要了解的相关产业还包括房地产、宾馆酒店、会所、学校以及各种健身场所等，因为这些产业都是体育用品产业产品的使用者。了解这些相关产业的状况，主要是为展览会以后邀请和组织买家与观众做准备。所以，了解这些相关产业的状况，必须要清楚这些相关产业的企业数量和分布状况，了解他们对本产业产品的需求状况，掌握他们购买本产业产品的渠道和方式等。

（二）产业信息（表2–3）

产业发展状况和产业的性质是影响一个展览会是否成功举办的重要原因之一。收集相关产业的有关信息主要是为了从产业的角度分析产业对举办展览会可能产生的影响，以及产业给展览会提供的可能发展空间等，为制订切实可行的展会举办策略奠定坚实的基础。

举办一个展览会需要收集和掌握的产业信息主要有以下几个方面。

1. 产业性质

一个产业的发展都要经过投入、成长、成熟和衰退四个阶段。处于投入期的产业由于刚刚起步，企业有限，市场不大，举办展览会往往较难获益；处于成长期的产业，由于市场扩张快，企业数量不断增多，市场对该产业的产品和该产业对相关设备的投资需求较大，企业盈利性较好，比较适合举办展览会；处于成熟期的产业，由于市场竞争激烈，企业数量较多，很多企业数量不断减少，企业盈利性较差，市场容量收缩，较难举办展览会。

2. 产业规模

产业规模主要是指该产业的生产总值、销售总额、进出口总额和从业人员数量等，这些信息是策划举办展览会时需要参考的重要数据。了解产业的生产总值和销售总额可以为预测展览会的规模提供依据，了解产业从业人员数量可以为预测展会的到会专业观众数量提供参考。由于产业规模对展会规模会产生直接影响，产业规模的增减会影响到展会规模的增减，所以，在收集产业规模的相关数据时，不仅要收集产业规模的现在数据，还要对产业规模在未来的增减趋势做出预测，以便为展会制订长期发展策略提供参考。

3. 产业分布状况

了解产业的分布状况十分重要，因为它与以后展会的招展和宣传推广策略的制订密切相关，是以后制订展会招展招商和宣传推广策略的基础。不仅要了解该产业的产品主要在哪些地方生产，每个生产地在该产业的产品中所占的比例大约是多少，也要了解该产业的产品主要在哪些地方销售，每个销售地在该产业的产品销售中所占的比例大概是多少，还要了解每个地方生产和销售的产品的种类和特色以及档次如何等。只有了解到这些信息，以后的招展招商和展会宣传推广策略才会有可靠的数据。

4. 厂商数量

一般而言，适合举办展览会的产业都是那些主要以“看样成交”为主的行业，以及那些对产品的外观设计和款式比较看重的行业。如果产品主要是看说明或者图纸成交，则该产业举办展览会的空间就较小。另外，产业的产品销售渠道模式以及成熟度对举办展览会的影响也较大。比如，某产业产品的批发渠道比较发达，大型批发市场较多，则在该产业内举办展览会就会遇到很大的困难。又如，如果某产业的销售渠道比较成熟，各企业的销售渠道已经自成体系，则展览会招展也比较困难。

5. 技术含量

产业技术含量主要是指该产业的产品以及生产设备所需要的技术的难易程度，以及它们的体积大小和重量等。了解这些信息，对于即将举办的展览会的场地选择有十分重要的参考意义。由于各地的展览场馆室内高度、场地承重、展馆进出通道等方面的技术数据不一样，其对展品的要求也不相同。例如，对于那些技术含量较高的展品，需要在布置展馆展区时提供较宽的通道和公共空间，以便参展企业进行产品现场演示；对一些体积较大的展品，则应该选择在进出通道较大、室内高度较高的展馆举办展会；如果展品较重，则应该选择地面承重较大的展馆举办展会。

（三）相关展会的信息（表2–4）

在策划举办展览会时，最理想的状况是，在计划举办展览会的产业里目前还不存在展览会，这样策划举办新展览会就要容易很多。但是在现在的市场状态下，基本上不存在没有展览会的产业。因此，在策划举办展览会时，一定要对该行业内的现有展会的情况有所了解。了解到这些信息，一方面可以为决定是否在该产业内举办展览会提供决策依据；另一方面也可以为在该产业内举办展览会制订竞争策略提供思考。

理论上讲，对相关展览会的有关信息当然是了解得越多越好；但在现实中，由于存在竞争关系，一般很难全面收集到相关展览会的全部信息。在策划举办一个展览会时，至少应该收集到相关展览会的下列信息。

1. 同类展览会的数量和分布情况

要尽量弄清楚国内和全世界范围内的与即将举办展览会主题相同的展会数量，搞清楚这些展览会的地域分布情况。同主题展会的数量越多，对在该产业策划举办展览会越不利；同主题展会的分布离计划举办的展会地域越远，对策划举办新展览会越有利。

2. 同类展览会之间的竞争态势

不管多个展会的定位如何，同主题的展览会之间都会存在这样或者那样的竞争关系。弄清楚同类展览会之间的基本竞争关系，对是否策划立项举办新展会和为新展览会制订怎样的竞争策略有着十分重要的意义。

3. 重点展会的基本情况

所谓重点展会，是指那些规模和影响都较大、行业口碑较好，或者是与即将举办的新展览会有直接的竞争关系的展会。对于这些展会，对其组展机构、办展时间、办展频率、办展地点、展会规模、参展企业数量以及分布状况、观众数量和来源、展品范围、展会定位等情况要有比较详细的了解。

（四）有关法律法规

不管产业还是市场，它们都不同程度地受国际有关法律法规的影响和约束。国家的法律法规对举办展览会的影响体现在三个方面：一是通过对国内企业参展意愿和参展行为的影响来间接影响展览会；二是通过对展览会组织方式等的约束来直接影响展览会；三是通过对展览会举办单位的市场准入限制来影响展览会。国家法律法规对举办展览会的各个方面的影响不是截然分开的，在很多情况下是同时发挥作用的。

相关法律法规主要有以下几个方面。

1．产业发展规划

产业发展规划是指国家和地方政府对某一产业的发展所做的长远和宏观规划。一般来说，在新兴产业和政府规划为重点发展的产业里举办展览会，其发展前景比较看好。另外，产业发展规划和政府的产业政策密切相关，它不仅从宏观上影响展览会，也从展会的具体操作方式上影响展览会。

2．产业政策

这里所说的产业政策，是指政府对产业产品的销售、使用和生产等方面的规定，如国家对香烟、酒等销售方面的“专卖”规定，对药品在生产和使用方面的规定等。这些规定对展览会的举办、企业的参展意愿和参展行为等都会产生直接或者间接的影响。

3．海关有关规定

针对某一产业的货物进出口政策、货物报关规定的关税等，这些规定对海外企业参加展览会产生重大的影响。货物进出口政策直接影响海外企业的参展意愿。如果一国禁止或限制某类产品的进出口，那么海外企业不管是参展还是参观展览会的意愿都将非常低；货物报关规定直接对展览会的具体操作产生影响，如果报关手续复杂，那么展览会的筹备期就势必要提前。关税水平的高低对海外企业参展的影响也较大，较高的关税会阻碍企业参展，较低的关税则对吸引海外企业参展较为有利。另外，海关针对参展商品的专门规定也是举办国际性展览会必须要了解的内容。

4．市场准入规定

市场准入规定包括两个方面，一是对举办展览会的企业或机构的资格审定，二是国家对外资进入该产业的政策规定。前者对企业能否举办展览会将产生直接的影响，后者不仅影响到海外企业的参展意愿和参展行为，也同样影响到国内企业。

5．知识产权的保护

很多参展企业会在展会上或者展会前发布新产品，推出新设计，如何保护这些新产品和新设计的知识产权，是展会主办方所必须考虑的问题。如果展会上大量出现侵权的展品，不仅会引起参展企业之间的纠纷，也会影响到展会的声誉，对展会的长远发展不利。

6．其他规定

由于举办展会涉及多种产业，因此，政府对交通、消防、安全等其他有关行业的规定，也会对展览会产生影响。在策划举办展览会之前，对这些规定也要有所了解。

表2-3　某家居展会项目市场调研资料收集的提纲一：家居用品行业的情况

序号	资料内容	相关要求
1	家居用品行业概念及其产品分类	国际、国内行业产品分类标准，或展会习惯的产品分类标准
2	国际主要产地及产销状况	近三年国际主要产品产量及其分布、知名企业及其品牌市场占有率、产品国际贸易情况
3	国内主要产地及产销状况	近三年国内主要产品产量及其分布、知名企业及其品牌市场占有率、产品内外贸易情况
4	行业技术发展状况	近五年或未来五年产品工艺技术变化、新产品研发趋势
5	中国政府产业政策状况	中国政府有关行业的中长期发展规划、经济技术政策
6	拟办展会所在地行业状况	近三年生产、经销企业状况、该地行业在全国行业中的地位，地方政府有关行业的中长期发展规划
7	其他	

表2-4　某家居展会项目市场调研资料收集的提纲二：同主题展会的情况

序号	资料内容	相关要求
1	国际有影响力展会状况	欧美及亚洲地区知名展会的名称、举办时间、主办方、举办届数、展览范围、展览面积、观众数量等
2	国内有影响力展会状况	近三年北京、上海、广州及东部、中西部知名展会的名称、举办时间、主办方、举办届数、展览范围、展览面积、观众数量等
3	国内参展商状况	近三年北京、上海、广州及东部、中西部知名展会参展商数量、来源（生产/经销、本土/外资、大型/中小型）、参展意愿（一地参展/多地参展）、对展会依赖程度（偶尔参展/经常参展）
4	观众状况	选择国内1～3个同主题展览会，了解观众数量、观众来源（本地/外地）、观众性质（专业观众/普通观众）、观众需求、参观效果等
5	展会经营状况	选择国内1～3个同主题展会，了解展位实际售价、营业收入、成本及利润额等
6	竞争对手状况	了解有可能成为竞争对手的主办方展会的举办情况（届数、举办时间、经营规模等），公关资源利用情况（政府、协会、展馆与其合作情况）、经营团队情况（人数、负责人、管理模式）等
7	行业资源状况	政府、协会/学会、知名企业对于举办展会的态度
8	其他	

表2-5　某家居展会项目市场调研资料收集的提纲三：拟举办展会城市的情况

序号	资料内容	相关要求
1	拟办展会城市经济发展状况	近五年GDP成长状况，产业特点、交通条件、中长期发展规划

续表

序号	资料内容	相关要求
2	拟办展会城市服务业状况	居民消费状况，酒店、餐饮、旅游、公共交通、家居用品专业市场等方面状况
3	拟办展会城市环境状况	治安、公共服务、文明程度等软环境状况
4	拟办展会城市展览场馆状况	可供展览面积、展馆设施能力（管内水电气、展品物流、餐饮提供等方面）、租金标准、服务质量（保安、保洁、展具租赁方面）、经营团队管理水平等
5	拟办展城市展览业状况	近三年展会数量（专业展/消费展、政府展/商业展）、主办方数量及性质（国有/外资/民营）等
6	其他	

【知识链接】

1. 中国（广州）国际家具博览会（http://www.ciff-gz.com）
2. 中国（上海）国际家具博览会（http://www.ciff-sh.com）
3. 深圳国际家具展（http://www.sifechina.cn）
4. 国际名家具（东莞）展览会（http://www.3f.net.cn/info/3f）
5. 家具展媒体报道

广州　上海　深圳

东莞　家具展媒体报道

任务2 会展项目选择因素

一、项目选择的社会环境因素

社会环境因素包括政治因素、经济因素、社会因素、时代因素等内容。由于会展项目主要是为与会人员或参观者就某一热点问题提供交流合作的平台，其主题通常是社会所关注的焦点和热点问题。唯有密切结合当时的政治局势和区域经济状况，深入探讨或真实表现社会的会展项目才能充分引起受众的关注，并产生较广泛的影响和较高的经济、社会等效益，从而实现举办会展项目的具体目标。因此这些具有鲜明时代和社会特色的环境因素是前期信息收集工作中必须获取的信息资源，也是在会展项目的选择过程中必不可少的决策依据。

二、项目涉及的行业因素

会展项目的选择与项目所涉及的行业密切相关（表2-6，表2-7），不了解该行业的发展状况而盲目介入一个会展项目的管理，是具有很大风险的。因此，会展的组织者在选择或策划会展项目时必须从以下几个方面认证考虑和分析相关的行业因素，以避免投资或者介入的风险。

（一）会展项目涉及的行业发展现状

组织者应当非常熟悉该会展项目所涉及的行业发展现状，要对相关产业的市场结构、竞争状况、目前的利润分布状况和市场的开放程度等情况有深入的了解。例如，上海国际建材博览会，组织者与行业紧密合作，对行业的发展状况、趋势以及市场空间了如指掌，所以，这个展览会越做越大，现在已经发展成为行业的风向标。

（二）相关行业（或产业）的发展潜力

与所选择的会展项目相关的行业或产业是否具有发展潜力，以及未来的市场空间有多大也是组织者必须充分参考的因素。市场有潜力，展会参展商及参展观众才有发展的余地。

市场潜力的大小通常可以通过现有的市场规模、市场发展水平和竞争程度、市场辐射力等指标反映出来，如组织者可以考察该行业产品购买者的需求机构、购买动机和行为、购买决策方式、销售渠道等内容来判断其潜力。一般而言，较成熟的市场已经被竞争者瓜分完毕，此时若要多占据一定市场份额，往往要付出很大努力，因此这类市场竞争会很激烈，组织者可以通过竞争的激烈程度来判断市场的潜力大小。

（三）举办地产业政策导向

会展举办地的产业政策导向，对会展项目所涉及行业的发展同样具有重要影响。比如，中国义乌国际小商品博览会的成功充分说明，展会的主题与区域经济以及市场发展导向有着密切的关联。

表2-6 国内适合创办专业展会的行业特征

分类	特征
政策导向	政府经济技术政策倡导或支持的行业
市场需求	在举办地生产量或消费量大的行业
客户结构	制造商及代理商或服务商数量较多的行业
展品特点	制造技术/产品品种更新速度快的行业
观众来源	专业观众来源广泛、数量可观的行业
市场竞争	政府控制不严、非自然垄断的行业

表2-7 国内适合创办消费类展会的行业特征

分类	特征
政策导向	政府经济技术政策倡导或支持的行业
市场需求	在举办地消费需求上升的行业 在举办地拥有特殊消费群体的行业 在举办地具有消费特色的行业
企业结构	制造商及代理商或服务商数量较多的行业
展品特点	产品品种丰富、更新速度快的行业/具有鲜明地域特色的产品
观众来源	举办地观众数量可观

三、项目针对的市场因素

会展的举办是针对一定对象进行的，主办者选择的会展项目必须是有市场需求的项目。这里所说的市场需求包括以下两个组成部分。

（一）参会者或参展商要有参加会展的需求

具体而言，对参会者或参展商的考虑包括了解和统计分析他们所关注的主题、可能会提出的要求、在某地区或某行业的影响力和辐射力等。尤其是对于展览项目的举办者而言，可以通过向前几届举办者索取参展商信息，了解并分析这些公司的状况和在行业内的业绩表现，以及是否连续参展等，估计本次展览的规模、成交额区间和参展商的特定要求。

（二）会展为产生预期影响所要吸引的观众的需求

对会展的目标观众的考虑包括观众的总数、来自行业、职务、来自地区等。通常认为，目标观众的数量越多，会展的质量和效果就越好，因此观众可作为决定会展项目质量的重要因素之一。通过了解观众的总体规模、是否来自会展项目主办方所期望的行业、对订货的决策权和影响力有多少、来自哪些地区等情况，主办者大体能够得出现有环境和条件与会展质量的对应关系，从而为选择会展项目的决策提供依据。

四、举办者自身的因素

会展项目的举办是一项相当耗费财力、人力、物力和精力的工作，因此在选择会展项目时必须结合项目主办者自身条件量力而行。自身因素主要包括以下几个方面。

（一）财力因素

财力因素是指举办者是否有充足的资金支持所举办的会展项目。组织会展的每个环节都需要费用，要注重协调会展的需要条件，做出相应的决策，并统筹安排预算。如广州国际建材博览会在筹备期的运作资金就占整个展会资金的50%。

（二）人员因素

人员因素是指项目团队成员的素质是否能达到会展项目的要求。在考虑人力资源的调配时，主办者要考察自身能否在短期内为各项工作配备充足的人力资源，以及自身是否能选择和培训人员，使其具备相应的专业知识和技术能力。

（三）时间和精力因素

这是指工作人员是否具备足够的时间和精力做充足的筹备工作。对时间和精力的考虑要注意展览工作的周期一般比较长，前期筹备工作需要足够时间，而主办方要尽量保持筹备工作和工作人员的连续性。

（四）管理因素

管理因素是指组织者是否具备举办所选择会展项目的管理经验和水平。在考虑管理因素时，选择的会展项目的级别和规模要与自身的管理水平相适应，超越自身管理能力举办高级别、较复杂的会展项目，或是选择在自身能力范围内，但却与现有水平相差很远的会展项目，都是一种资源的浪费，是不可取的决策。

【知识链接】

中国国际高新技术成果交易会（简称高交会）由中国商务部、科技部、工信部、国家发改委、教育部、农业部、国家知识产权局、中国科学院、中国工程院等部委和深圳市人民政府共同举办，每年在深圳举行，至今已连续成功举办了十六届，是目前中国规模最大、最具影响力的科技类展会，有“中国科技第一展”之称。

微信扫码进入高交会官方网站

微信扫码观看宣传视频

任务3 会展项目主题的选定

所谓会展项目主题，就是举办一个展览会所计划要展出的展品的范围，换句话说，就是计划让哪些商品在展览会上展出。展览主题的选择是一项非常细致和专业的工作，它往往涉及产业的专业分类和专业配置。展览主题选择得好坏和准确与否，直接影响到展览会的专业性和市场扩展性，对展览会的招展和未来发展有着重大影响。

一、确定行业

选择会展项目的主题，要根据展会举办地及其周边区域的经济结构、产业结构、地理位置、交通状况和展览设施等情况，首先考虑本区域的优势产业和主导产业，其次考虑国家或本地区重点发展的产业，再次考虑政府扶持的产业。

对于专业性的展览会而言，一个展会一般只包括一个展览主题。在掌握上述各种信息并有一定的专业知识做基础后，可以用市场细分的办法来选定将在哪个行业举办展会。行业选定以后，就可以进一步选择和确定具体的展会主题了。

为选择合适的办展行业，我们可以选择两类变量来对市场进行细分：一是行业属性，二是地理属性。行业属性可以用来反映准备进入行业的发展前景、规模大小、企业数量和产品用途范围等，这些信息是办展机构决定是否进入某一行业办展的重要参考信息；地理因素可以用来反映该行业的地理分布状况，这对于办展机构正确认识行业的地区优劣势有重要作用。

市场细分解释了办展机构进入某一行业举办专业展会的市场机会，但办展机构是否最后决定要进入这个行业办展，还必须对该细分市场进行评估。办展机构可以就以下四个方面对细分市场进行评估。

（一）细分市场的规模和发展潜力

潜在的细分市场要有一定的规模和发展潜力，换句话说，被评估的细分行业要有一定的产业基础和较大的产品使用范围，这是办展机构考虑是否进入某一行业办展首要考虑的问题。

（二）细分市场的盈利能力

细分市场不仅要有一定的规模和预期增长率，还必须有一定的盈利能力，对于举办商业性专业展会的办展机构尤其如此。当然，不同的办展机构利润目标不同，有些办展机构着眼于长远，能够忍受暂时的亏损；有些只顾当前，对眼前的亏损无法容忍。但不管怎样，对于大多数办展机构来说，举办展会都必须保证在预定的时间内有一定的盈利水平，否则，办展机构就无法生存。

（三）细分市场的结构吸引力

有盈利能力的市场对办展机构都有吸引力，但具有市场结构差异的细分市场，其对办展机构的吸引力是不同的。

1．细分市场的竞争状态影响办展机构进入该市场的难易程度

如果该市场存在实力强大的竞争对手，办展机构进入该行业就应该慎重。

2．新进入该市场的竞争对手的状况

如果该市场盈利能力过高就会吸引大量的办展机构进入该行业办展，如果这些办展机构众多，或者他们进入的决心很大，那么，进入该行业办展就应该慎重。

3．行业的特点

如果该行业是个相对垄断的行业，除非办展机构与那些垄断企业有很好的联系和沟通渠道，否则，吸引他们参加展会将是一件很困难的事；如果该行业的某一家企业的能力很强，展会吸引他们参展将会付出很大的代价；如果该行业产品的用户的议价能力很强，则展会邀请观众将困难重重。

（四）办展机构自身的办展目标和资源

办展机构必须清楚认识到自己的优势和劣势。如果自己在某一行业内毫无优势可言，那么，即使该行业再适合办展，该办展机构进入该行业也需要慎重。同时，在进入某一行业办展之前，办展机构首先必须明确自己的办展目标（表2–8），如举办该展会是着眼于利润目标还是社会效益目标，是为自己的长远打算还是为眼前利益着想。只有目标明确了，行动才更有说服力，成功才更有保障。

表2–8　不同需求档次消费品展会主题的细分

按售价分类	消费品展会主题
百元级产品	非品牌衣着产品、小家电产品、食品、工艺品
千元级产品	建筑材料产品、家电产品（电视机、冰箱、洗衣机、计算机等产品）、国内品牌衣着产品、国内旅游产品、宠物
万元级产品	家居装修、婚庆产品、家具产品、境外旅游产品、体育休闲产品
十万至百万级产品	汽车、住宅、商铺、珠宝、艺术品、国际品牌衣着产品
百万元级产品	海外留学产品
千万元级产品	游艇、商务飞机、高档别墅、国际高端奢侈品

二、确立会展项目主题的方法（表2–9）

通过对细分市场的评估，办展机构可能会发现一个或几个值得进入办展的企业，办展机构可以根据自身的实力选择进入一个或多个行业举办一个或几个专业展会。选定进入的行业后，下一步就是要决定选择哪些具体主题作为展会的展览主题。一般来说，选择展会具体展览主题有四种办法，分别是确定主题、分裂主题、扩展主题和合并主题。

（一）确定主题

确定主题就是通过对搜集到的各种信息进行整理和分析，选定一个办展机构从来没有涉及的产业作为举办新展览会的展览主题。进入一个从来没有涉足的新产业对办展机构来说具有一定的挑战，如果主题选择不当，不但展览会很难举办成功，该办展机构的业务和形象也会受到

严重的影响。所以，是否进入一个新产业策划举办一个全新的展览会，办展机构要结合自己的优劣势进行综合分析，然后再慎重地做出决策。

（二）分裂主题（表2-10，表2-11）

分裂主题是将办展机构已有的展览会的展览主题再作进一步的细分，从原有的大主题中分裂出更小的主题，并将这些小主题办成独立的展览会的一种选择展览主题的方式。

分裂展览主题要满足以下几个条件才可以分裂：第一，原有的展览会已经发展到一定的规模，某一细分主题在原有的展览会中已经占有一定的展览面积；第二，由于场地限制等原因，某一细分主题在原有的展览会中的面积已经很难再进一步扩大，但是，如果将这一细分主题独立分裂出来单独发展，其发展的空间将更大；第三，尽管某一细分主题在原有的展览会中已经占有一定的展出面积，但这一细分主题分裂出来后，原有的展览会还可以得到更好的发展；第四，某一细分主题与原来的展览会其他主题之间有相对的独立性，这一细分主题的企业和客户可以从原有展览会中分离出来；第五，搜集到的各种信息表明，这一细分主题适合单独举办展会。如果达不到上述条件，分裂主题就可能导致失败。

（三）扩展主题

扩展主题就是将现有展览会还没有包含的，但与现有展览会的展览主题有密切关联的主题，或者是将现有展览会展览大主题中暂时还未包含的某一细分主题列入现有展览会展览主题的一种方法。

扩展展览主题不是随意的，它也要满足一定条件才可拓展。第一，计划拓展的主题与现有展览会的展览主题要有一定的关联性，如果没有一定的关联性，拓展展览主题的必要性就不大；第二，现有展览会能容纳计划拓展的主题的加入，换句话说，计划拓展的主题的加入不会给现有展览会造成任何操作上的不便；第三，现有展览会的专业性不会因为计划拓展的主题的加入而受到影响。总之，计划拓展的主题加入现有的展览会不能是“画蛇添足”，而应该是“锦上添花”。

（四）合并主题

合并主题就是将两个或两个以上彼此相同或有一定关联的展览主题的现有展览会合并为一个展览会，或者是将两个或两个以上的展览会中彼此相同或有一定关联的展览主题剔除出来，放在另一个展览会里统一展出。

三、确定会展项目的原则和目标

（一）需避免的主题选择

（1）同一化　会展主题与其他会展主题类似，使公众混淆不清。

（2）扩散化　主题太多，多主题意味着没有主题。

（3）共有化　策划主题没有鲜明性，同一主题有时为一个策划服务，有时为另一个策划服务。一个策划必须有明确的主题，策划如果偏离了主题，就成了一些无目的的拼凑。

（二）主题选择的目标

1．经济目标

经济目标是对经济效益而言，追求高效益，因此会展策划时必须坚持可行性原则。在现有的人力、财力、物力及技术条件下，有实现的可能，才是策划，否则再好的策划均属空谈。

2. 社会目标

社会目标是在经济目标的基础上追求展会的社会效益，包括提高企业的市场影响力、培育展会品牌、扩大影响等。因此，策划时要坚持科学性和可持续发展的原则，切忌出现不符合实际的提法和空洞的豪言壮语。

表2-9 设计展会范围的具体方法

方法	设计思路	设计特点
1	将展会主题视为一个产业	按产业链横向细分展会范围
2	将展会主题视为一个行业	将行业产品构成垂直细分展览范围
3	将展会主题视为一个概念	按概念的内涵细分展览范围
4	针对主题综合、内容多元的展会	先细分主题，再根据细分主题设计展览范围
5	针对主题相关或相近的展会	借鉴成熟展会的展览范围的设计

表2-10 纺织行业专业展会主题的细分

产业链上各环节	专业展会主题
原料	棉、麻、丝、毛种子与种植技术、生产资料化学纤维制造技术与设备、产品
染织	印染、纺织技术与设备
面料	棉、麻、丝、毛、化学纤维面料产品
服装加工	服装加工技术与设备
服装配饰	服装加工辅料与配饰产品
贸易	成衣、床上用品、鞋袜、毛巾、工业布品、建筑专用布品等

表2-11 国内汽车行业专业展会主题细分及现状

产品分类	展会名称	举办地
乘用车	汽车展览会	北京、上海、广州及其他大中城市
商用车	商用汽车/专用汽车展览会	武汉、天津、贵阳
新能源汽车	新能源汽车/电动汽车展览会	深圳、北京、合肥
豪华汽车	进口豪华汽车展览会	北京、上海
汽车零部件	汽车零部件展览会	上海、广州、北京
改装车/房车	改装汽车/房车展览会	北京、南京、沈阳
汽车用品	汽车用品展览会	北京、上海、广州、郑州、济南
其他	汽车行业工业设计、轮胎、工程塑料、维修工具等展览会	北京、上海、深圳

【知识链接】

1. 北京汽车展案例：第24届中国国际汽车用品展览会（CIAACE 2015）（http://www.ciaacexpo.com.cn）

2. 上海汽车展案例：2016中国国际汽车商品交易会（CIAPE）（http://www.iapechina.com）

3. 深圳汽车改装服务展案例：2017第十四届深圳国际汽车改装服务业展览会（AAITF 2015）（http://www.aaitf.org）

4. 深圳汽车展案例：2016第二十届深圳-香港-澳门国际汽车博览会（http://www.szautoshow.com）

北京　　上海　　深圳　　深圳

任务4 会展项目可行性分析

会展项目可行性分析是展会项目立项策划的继续。展会项目立项策划主要是在掌握各种信息的基础上，初步提出计划举办的展会“是什么样的”。展会立项可行性分析则是在研究各种信息的基础上，深入分析展会立项策划提出的展会是否可行，为最后是否举办该展会提供科学的决策依据。

一、市场环境分析

任何经营活动都是生存于一定的市场环境之中，市场环境分析是展会立项可行性分析的第一步。它根据展会立项策划提出的展会举办方案，在已经掌握的各种信息的基础上，进一步分析和论证举办展会的各种市场条件是否具备，是否有举办该展会所需要的各种政策基础和社会基础。市场环境分析不仅要分析各种现有的市场条件，还有对其未来的变化和趋势做出预测，使立项可行性分析得出的结论更加科学合理。

（一）宏观市场环境分析

宏观市场环境是指能对展会举办产生影响的各种社会因素，这些因素可能会给办展机构举办展会带来市场机会，也可能会造成市场威胁。办展机构在策划举办一个展会时，必须对它们加以密切关注，并及时对其作出适当的反应，以便有效地识别和抓住市场机会，避开和减少市场威胁，这些宏观市场环境主要包括以下几个方面。

1. 政治法律环境

政治法律环境由那些具有强制性的和对举办展会产生影响的法律、政府部门和其他组织所构成。它包括产业政策、产业发展规划、海关有关规定、市场准入规定、知识产权的保护和其他规定。由于举办一个展会涉及的行业和社会面非常广，因此会展业会受到比其他行业更加严厉的法律管制，如政府对举办展会在消防、安保、工商管理和产品进出口方面的严格要求，举办展会对广告法和专利法等法律的严格遵守等。此外，与展会展览主题所在产业有关的法律对举办展会也会产生较大影响。

2. 社会文化环境

社会文化环境有三大类，一是物质文化，二是关系文化，三是观念文化。它们分别代表人们对物质生活、社会关系和意识形态等方面的要求、认识和看法，社会文化环境对企业参展和观众到会参观会产生较大影响。如人们的餐饮习惯，国与国之间关系的好坏，世界各国节假日和喜庆日的安排，对举办展会的影响就非常大。

3. 人口环境

从量的角度看，人口数量是市场规模的重要标志，从人口的分布、结构及变动的趋势可以分析判断出市场需求的特点和发展趋势，这一点对展销会等注重现场零售的展会有着重要的意义。对于专业贸易类的展会来说，更要注意该展会展览主题所在产业及相关产业的从业人员数量和结构构成，因为从这里能预测到展会的专业观众的大约数量，而拥有一定数量和质量的专业观众正是专业贸易类展会的生存之本。

4. 经济环境

经济环境是指那些能对企业参展和观众到会参观产生影响的各种经济因素，如社会经济发展水平，产业利润的高低，市场规模的大小，产业进出口状况，产业结构状况，展会所在地的住宿、餐饮、旅游、交通等配套设施的完备程度等。这些因素从侧面影响着企业参展和观众到会参观的意愿。

5. 技术环境

科技的发展给企业的经营活动和经营方式带来了重大变化，一方面可以给一些企业提供新的有力的发展机会，另一方面也可以给一些企业的生存与发展带来威胁。例如，互联网的出现极大地改变了会展业的办展思路和竞争模式，计算机的广泛运用使展会的观众等级模式发生了翻天覆地的变化。

在进行认真的市场调研和充分掌握以上各种信息的基础上，要切实结合会展产业的实际特征，对举办展会所面临的宏观市场环境的各个方面做出准确的分析，寻找市场机会，规避风险，为展会立项可行性研究的最终决策服务。

（二）微观市场环境分析

微观市场环境是指对办展机构举办展会构成直接影响的各种因素。这些因素包括办展机构内部环境、目标客户、竞争者、营销中介、服务商和社会公众等。和宏观市场环境一样，微观市场环境所包含的各种因素也可能给办展机构举办展会带来市场机会，或者给其造成市场威胁。

1. 办展机构的内部环境

办展机构内部环境是指办展机构内部所具备的各种条件，包括资金、人力、物力以及所掌握的信息资源和社会资源等。

2. 目标客户

目标客户是指展会潜在的目标参展商和观众。通过掌握目标参展商和专业观众的数量与区域分布、他们的需求及其变化趋势等，从而了解其参与会展活动的可能性。从类别上看，会展的目标客户包括消费者市场客户、生产者市场客户、中间商市场客户、政府部门和国际市场客户这五大类。

3. 竞争者

竞争者是指与本展会有竞争关系的其他同类展会。在现实中，同一题材的展会往往不止一个，所以想在会展市场上取得成功的展会就必须制订相应的竞争策略，要比其他同类型展会更充分地满足参展商和观众的需求。

4. 营销中介

营销中介是指受办展机构委托或是协助展会进行宣传协助的中介组织和单位，包括展会的招展代理、招商代理、广告代理和其他营销服务机构等。了解营销中介的信誉、能力、数量与区域分布能帮助会展企业更好的制订相应的营销策略。

5. 服务商

服务商是指受办展机构委托为会展提供各种服务的机构，包括会展的场馆、会展预订的展品运输代理、负责展位搭建的展位搭建商、提供旅游服务的旅行社、提供住宿服务的宾馆以及提供会展资料印刷和观众登记的专门服务商等。

6. 社会公众

社会公众是指对展会目标具有实际或潜在影响的群体。会展活动所要面对的社会公众主要包括媒体、政府、当地民众、各种社会组织、金融机构等。

（三）市场环境评价

市场环境评价是指根据掌握的市场信息对未来的环境变化趋势作出预测，对市场环境进行整体分析和综合评估。对市场环境进行整体分析和综合评估的方法很多，最常用的方法是SWOT分析法。

SWOT分析法就是把办展机构所面临的宏观和微观环境中各要素综合起来进行分析，得出市场环境对办展机构举办该展会所形成的优势（Strengths）和劣势（Weakness）、机会（Opportunities）和威胁（Threats），并将这四个方面结合起来研究，以寻找到适合办展机构举办本展会的可行战略和有效对策（表2-12）。

表2-12　SWOT分析法

		内部环境	
		优势（S）	劣势（W）
外部环境	机会（O）	SO战略 依靠内部优势 利用外部机会	WO战略 改进内部劣势 利用外部机会
	威胁（T）	ST战略 依靠内部优势 回避外部威胁	WT战略 克服内部劣势 回避外部威胁

【知识链接】

1. 2015第十五届中国（顺德）国际家用电器博览会（http://www.shundeexpo.cn）
2. 2015第二十六届中国（佛山）国际陶瓷及卫浴博览交易会（http://www.cerambath.org）

顺德家博会官网　顺德家博会视频　陶博会官网　陶博会视频

二、会展项目生命力分析

会展项目生命力分析是从计划举办的会展项目本身出发，分析该会展项目是否有发展前途。分析会展项目的生命力，不是只分析会展举办一届或两届的生命力，而是要分析该会展项目的长期生命力，即分析如果该会展项目举办超过五届以上是否仍有继续发展的可能性。

（一）项目竞争力分析

会展项目竞争力分析是从展会本身出发，分析展会与同主题的其他展会相比是否具有竞争优势。展会的竞争优势来源于很多方面，但对于一个展览主题已定的展会来说，展会定位的号召力、办展机构的品牌影响力、参展商和观众的构成、展会的价格和展会的服务等因素，对展会的竞争优势具有决定性的影响。

1. 展会定位的号召力

展会定位是通过细分会展市场，找准目标参展商和观众，并清晰地让参展商和观众知道并认同该展会"是什么"和"有什么"。展会定位要尽量反映展览主题所在产业的发展趋势，抓住该产业某一细分市场的需求。

2．办展机构的品牌影响力

从某种意义上说，展会就好比是一件商品，办展机构就是这件商品的生产商，办展机构的品牌既是这件商品的说明书，也是这件商品的质量保证书。

3．参展商和观众的构成

一个展会要有强大的竞争力，就离不开该展会所在产业里有代表性的企业对展会的大力支持，离不开该产业产品的大用户的到会参观。在分析展会的参展商和观众时，不仅要讲数量也要讲质量。

4．展会的价格

展会价格的高低直接影响企业参展成本的大小，企业总是希望以最低的价格获取最大的收益，因此在其他条件一定的情况下，企业会选择那些价格较低的展会参展。展会价格是展会竞争力的主要组成部分，展会定价合理能在很大程度上提高展会的竞争力。

5．展会服务

展会服务包括展会筹备和展会举办过程中办展机构为该展会的参展商和观众提供各种服务，也包括展会的服务商和营销中介单位为参展商和观众提供的服务。展会服务分为展前服务、展中服务和展后服务三个部分。展会服务是展会竞争力的主要组成部分之一。展会要尽量为参展商和观众提供专业、及时、优质和周到的服务。

（二）项目发展空间分析

任何新投资的项目都需要一定的发展空间，策划举办一个新的展会也不例外。展会项目发展空间分析，是立足于将已掌握的各种信息，根据展会项目立项策划提出的办展方案和展会定位，从展会的长远发展出发，分析展会项目是否有发展空间，主要分析以下空间是否齐备。

1．产业空间

产业空间就是计划举办的展会主题所在的产业发展现状和发展前景。产业的发展现状和发展前景是举办一个专业性贸易展会所依托的产业基础。如果某一产业的规模过小或者是发展前景有限，那么在该产业里举办展会就比较困难。从一个国家或地区的产业结构和产业分布来说，每一个国家或地区都有自己的优势产业，也有自己支持和鼓励发展的重点产业。这些产业很多是根据比较优势分工，是本地具有竞争优势的产业，也是具有发展前途的产业，或是政府扶持的产业以及发展中的朝阳产业。当然，说这些产业的空间较大，并不是说其他产业就不能举办展会，只是在这些产业里举办展会的前景更好。事实上，只要某一产业的产品需求量大，产品更新快，那么，该产业就有举办展会的空间。

2．市场空间

市场空间主要是指市场结构状况、市场规模的大小和市场辐射能力的强弱，这是举办展会的市场基础。市场结构状况揭示了展会主题的选择是否适合市场的需求；市场规模的大小从一个侧面表明了展会对企业参展的吸引力有多大；市场辐射能力的强弱反映展会能影响和辐射的地域有多广。市场空间的大小是决定是否举办展会的一个重要依据。我们总是希望在那些市场规模较大的产业里举办展会，希望举办的展会有较强的市场辐射能力。

3．地域空间

地域空间主要是指展会举办地地域和辐射力如何。展会的举办地对展会本身的发展有较大影响，很难想象在一个较偏僻的地方举办一个大型展会效果会如何。一般展会应该选择在那些展会主题所在产业比较发达的地区举办，或者选择在该产业产品的主要销售地。尽管如此，那些交通比较便利、基础设施较完善、信息较为灵通、服务业比较发达的城市往往也是展会举办地的首选。

4. 政策空间

政策空间包括展会举办地对会展业发展的政策、对展览主题所在产业的政策以及对与会展业相关的行业政策。如果在当地政府鼓励发展会展业的地方举办展会，办展机构肯定能得到比在其他地方办展会更多的便利。如果计划举办展会的展览主题正是当地政府鼓励和支持发展的产业，那么，在那里举办展会将更加顺利。

（三）办展机构优势分析

办展机构的优势，决定着他们在哪些产业里举办展会成功的可能性较大，也决定着他们举办怎样性质的展会将会有较大的优势。办展机构的劣势，决定着他们在哪些产业里举办展会成功的可能性较小，也决定着他们不能举办怎样性质的展会。如让不熟悉家具产业的办展机构去举办家具展，让不擅长举办专业贸易展会的办展机构去举办专业贸易类的展会，展会的效果将难以有保证。

所以办展机构在计划举办一个展会时，不要只考虑该展会本身是否有发展空间，是否有竞争力，还要考虑办展机构自己的优劣势，要考虑自己是否有举办这样一个展会的能力，或者是否适合举办这样一个展会。如果条件不具备，就不能轻易举办。

【知识链接】

1. 世界互联网大会乌镇峰会（http://www.wicwuzhen.cn）
2. 2016全球移动互联网大会（http://beijing.thegmic.cn/programs）
3. 2015中国（广东）国际“互联网+”博览会（http://www.internetplus-expo.com）

世界互联网大会乌镇峰会　　全球移动互联网大会　　“互联网+”博览会

三、会展项目执行方案分析

展会执行方案分析是从计划举办展会项目本身出发，分析该展会项目立项计划准备实施的各种执行方案是否完备，是否能保证该展会计划目标的实现。展会执行方案分析的对象是该展会的各种执行方案，分析的重点是各种方案是否合理、是否完备和是否可行。

（一）展会基本框架评估

展会的基本框架，也就是展会的基本内容，包括展会的名称、举办展会的地点、办展机构、办展时间、展品范围、办展频率、展会规模和展会定位等有关展会的基本信息。对展会的基本框架进行评估，就是对构成展会基本框架的各种因素从总体上进行评估，看各种因素彼此是否协调，从总体上分析展会的基本框架是否可行。

对展会基本框架进行的评估包括：

（1）展会名称和展会的展品范围、展会定位之间是否有冲突。

（2）办展时间、办展频率是否符合展品范围所在产业的特征。

（3）展会举办地点是否符合举办该展品范围所在产业的展会。

（4）展品范围所在产业里能否举办如此规模和定位的展会。

（5）展会的办展机构对展品范围所在的产业是否熟悉，以及在计划的办展时间内能否举办如此规模和定位的展会。

（6）展会定位与展会规模之间是否有冲突。

对展会基本框架进行评估，重点不是分析构成展会基本框架的某一因素的策划安排是否合理和可行，而是从总体上分析展会基本框架是否可行和合理。因为，尽管对构成展会基本框架的每一个因素的策划安排可能是合理和可行的，但由于这些因素所构成的展会基本框架从总体上看可能是不合理和不可行的。所以，要避免这种“个体合理，群体冲突”现象的出现，对展会基本框架进行评估就显得十分重要。

（二）展会进度计划评估

展会进度计划是对展会筹备及展览期间的各项工作进行统筹安排的计划，它明确了各办展机构在什么时候应该干什么事情，到什么时候该完成什么任务以及达到什么目标。对展会进度计划进行评估，主要从以下几个方面着手。

（1）各阶段工作目标的准确性。

（2）各项工作进程的合理性。

（3）各项工作的配套性。

（4）各项工作的可行性。

（5）各阶段工作的统一性。

（三）招展招商和宣传推广计划评估

招展计划、招商计划和宣传推广计划是展会的三个重要执行方案，它们相互影响、互相依赖、互相制约。从可行性分析上看，招展计划、招商计划和宣传推广计划三个方案要做到具体、可行。所谓具体，就是这三个方案要尽量详细，不泛泛而谈；所谓可行，就是这三个方案要尽量符合展会主题所在产业的实际，能抓住该产业的特征，又不脱离展会定位，能发挥实际作用，达到实施的目标。这三个方案相互配套、彼此配合、各有侧重。

（四）现场管理和相关活动计划评估

现场管理计划是对展会开幕现场和展会展览现场进行管理的计划安排。展会相关活动计划是对展会同期举办的各种研讨会、表演和比赛等进行的计划安排。对这两项计划进行评估，主要是考察以下几个方面。

（1）现场管理计划的周密性。

（2）现场管理计划的可控性。

（3）相关活动的必要性和可行性。

（4）现场管理和相关活动的协调性。

四、会展项目财务分析的方法

会展项目财务分析是从办展机构财务的角度出发，按照国家现行的财政、税收、经济、金融等规定，在筹备举办展会时确定价格的基础上，分析测算举办该展会的费用支出和收益，并以适当的形式组织和规划好举办展会所需要的资金。会展项目财务分析的主要目的是分析计划举办的展会是否经济可行，并为即将举办的展会制订资金使用规划。

一般来说，项目财务分析可以按照以下步骤进行。

（一）财务分析预测

在对计划举办的展会总体了解的基础上，对相关市场和执行方案进行充分调查，搜集并预测项目财务分析所需要的各种基础数据。

（二）制订资金规划

根据财务分析和预测，筹措和安排举办展会所需要的资金投入量，为展会的前期资金投入提供保障。

五、风险预测

风险是指某一行动的结果所具有的不确定性。从展会立项可行性分析的角度看，风险就是办展机构在举办展会的过程中，由于一些难以预料和无法控制的因素，使办展机构举办展会的计划和举办展会的实际收益与预期发生背离，从而使办展机构举办展会的计划落空；或者是即使展会如期举办，但办展机构有蒙受一定的经济损失的可能性。一般来说，举办展会可能面临的风险有四种：市场风险、经营风险、财务风险和合作风险。办展机构要通过对各种风险的评估，采取相应对策，尽量规避和降低可能遇到的风险。

（一）市场风险

市场风险是指那些对所有企业都产生影响的风险，如战争、自然灾害、瘟疫、经济衰退、通货膨胀、恐怖袭击等。

（二）经营风险

经营风险是指因办展机构经营方面的原因给举办展会带来的不确定性，如展会定位不当、招展不力、招商不顺、宣传推广效果不佳、人力资源及人员结构不适合、出现新的竞争对手、管理不善、展会现场的饮食卫生出现问题、与会人员的健康保障出现问题、参展商因对展会不满而出现“闹展”和“罢展”现象等。

（三）财务风险

财务风险包括举债筹措资金给办展机构财务成果带来的不确定性和办展机构资金投入所带来的不确定性。如果办展机构举债筹措办展资金，由于种种原因，办展机构息税前资金利润率和借入资金利息率之间具有很大的不确定性，这种不确定性会使办展机构自有资金的利润率变化无常。如果办展机构息税前利润还不够支付利息，展会就有亏损的风险。另外，办展机构投入筹办展会的各种资金能否按期如数收回，也有一定的风险。并不是所有的展会都能带来利润。

（四）合作风险

合作风险是指办展机构各单位之间、办展机构与展馆之间、办展机构与展会各服务商和各营销中介之间，在合作条件、合作目标和合作事务各环节上可能出现的不协调、不一致和其他不确定性问题。

任务5 会展项目可行性报告的撰写

有经验的策划工作者都知道，撰写展会项目的市场分析报告或可行性研究报告是市场调研工作的重要环节，同时也是策划工作者综合素质和写作能力的体现。撰写报告的过程既是综合梳理展会主题创意、资料收集、市场分析和可行性研究工作的过程，也是围绕展览会主题创意采用书面形式全面分析或论证项目可行性的过程。

一、市场分析报告与可行性研究报告的区别（表2-13）

表2-13　市场分析报告与可行性研究报告的区别

分类	比较	市场分析报告	可行性研究报告
相同	服务对象	展会主办方	展会主办方
	展现形式	文字、图表、图片	文字、图表、图片
	完成手段	撰写	撰写
	撰写依据	市场调研	市场调研
	报告价值	主办方商业秘密	主办方商业秘密
不同	成果性质	阶段性、专题性成果	完整性、系统性成果
	报告内容	侧重分析项目外部因素	综合分析论证项目内部、外部因素
	表述方法	主要通过铺陈资料反映观点	排比资料、陈述观点、提出建议
	报告需求者	多为商业性主办方	多为非商业性主办方

在文本结构上，市场分析报告与可行性研究报告有很多相同的地方。两相比较，对于掌握撰写规律和了解撰写规范很有益处。

表2-14 市场分析报告与可行性研究报告撰写内容的比较

市场分析报告撰写的内容	可行性研究报告撰写的内容
项目市场调研工作简述	项目总论
	项目构成设计
项目市场环境分析	项目市场环境分析
项目经营指标与风险预测分析	项目经营指标与风险预测分析
	项目可行性研究的结论及建议

比较市场分析报告和可行性研究报告的撰写内容（表2-14），可以知道后者的难度要高于前者。但要写出高质量的市场分析报告，写作者就必须具有撰写可行性研究报告的功底。

二、可行性研究报告的撰写原则

（一）客观公正原则

必须站在客观公正的立场上进行调查研究和报告的撰写，即从资料的搜集到写作，所有信息应尽可能全面、真实。对于基础资料，要按实际情况进行论证评价，以便如实反映客观规律，绝不能先定可行的结论再去篡改数据。

（二）内容完整原则

报告的内容深度要达到国家规定的标准，基本内容要完整，避免粗制滥造走形式。

（三）保证质量原则

为保证可行性研究的质量，应保证咨询设计所必需的工作周期，防止因各种原因而草率行事。

三、报告撰写的规范性

（一）总论

综合叙述研究报告中的各部分的主要问题和研究结论，并对该会展项目可行与否提出最终建议，为可行性研究的审批提供方便。

（二）项目背景和发展概况

包括会展项目的发起过程、目标和范围、提出的理由、前期工作的发展过程、有关项目主题的主要理念和其他相关性的背景资料。

（三）项目规模与客源分析

分析与会者、参展商、参观者的来源和大致数量，从而显示出前期预测项目规模是否可行，是否确有充足的客源支撑这一规模，为后面评价项目提供依据。

（四）项目SWOT分析与定位

运用SWOT分析法，明确会展项目可利用的机会和可能面临的风险，并将这些机会和风险与项目优势和劣势结合起来，为项目确定最合理有益的功能定位。主要内容包括：市场环境分析和会展项目生命力分析。

（五）会展执行方案分析

（1）对计划举办展会的基本框架进行评估。

（2）招展招商和宣传推广计划评估。

（六）会展项目财务分析

会展项目的财务管理主要是资金管理，其对象是资金及其流转，通过对会展项目资金的筹集、运用和分配的管理，利用货币价值形式对会展项目的经营状况进行综合性的管理。主要包括：价格定位、成本预测、收入预测、盈亏平衡分析、现金流量分析。

（七）风险预测

风险预测包括市场风险预测、经营风险预测、财务风险预测和合作风险预测。

（八）结论和建议

根据前面各部分的研究分析结果，对项目在技术上、经济上、社会效益上进行全面评价，对项目投资方案进行总结，指出项目存在的问题，提出结论性意见和建议。

在研究报告以外单独成册的文件，都应当列为可行性研究报告的附件，并入总论以作参考。

【拓展阅读】

—德国知名展览公司介绍—

表2-15　德国知名展览公司项目构成的基本情况

公司名称	主要展览项目	主要举办地	2011年营收（单位：百万欧元）	世界展览业营收排名
法兰克福国际展览公司Messe Frankfurt	时尚消费品	德国、中国、迪拜、日本	467.5	4
	美容美发	德国、迪拜、日本		
	礼品、工艺品	德国、俄罗斯、迪拜		
	纸质品、办公用品	德国、中国、迪拜		
	家用及室内纺织品	德国、中国、日本、美国、俄罗斯		
	产业用纺织品及非织造布	德国、中国、俄罗斯、印度、美国		
	成衣布料及辅料展览会	法国、美国		
	汽车零配件及售后服务	德国、中国、土耳其、俄罗斯、阿根廷、印度、南非、迪拜、马来西亚、西班牙、泰国、墨西哥		
	乐器、音乐硬软件、乐谱附件	德国、中国、俄罗斯		
	通信技术、音像制作及娱乐	德国、中国、俄罗斯		
	五金工具	德国、阿根廷、迪拜		
	肉类加工	德国		

续表

公司名称	主要展览项目	主要举办地	2011年营收（单位：百万欧元）	世界展览业营收排名
法兰克福国际展览公司Messe Frankfurt	灯光照明及建筑技术与设备	德国、中国、印度、阿根廷、迪拜、俄罗斯	467.5	4
	浴室设备、楼宇、能源、空调技术及再生能源	德国、中国、俄罗斯		
杜塞尔多夫国际展览公司Messe Duesseldorf	加工与包装机械	德国、中国、泰国、俄罗斯	372.7	5
	塑料与橡胶	德国、中国、俄罗斯、泰国		
	医疗展览会及会议	德国、中国、泰国、印度、巴西、新加坡		
	冶金技术	德国、印度		
	管材管道	德国、中国、迪拜、俄罗斯、泰国、印度、巴西		
	鞋机鞋材	德国		
汉诺威国际展览公司Deutsche Messe	消费电子、信息及通信	德国、中国、土耳其、澳大利亚、巴西、南非	292.8	7
	乘用车、商用车	德国、中国		
	地面铺装	德国、中国、俄罗斯、土耳其		
	机械制造	德国、中国、俄罗斯、巴西、印度、意大利、美国、土耳其		
	物流技术与运输系统	德国、中国、俄罗斯、印度、巴西		
克隆国际展览公司Koeln-messe	五金工具	德国、中国	235.3	10
	体育用品、户外设备及园林	德国		
	家具生产、木工及室内装饰	德国、中国、新加坡、日本		
	服装生产技术及纺织品加工	德国		
	自行车	德国		
	食品	德国、中国、迪拜、印度		
	影像娱乐	德国		
慕尼黑国际博览集团Messe Munchen	工程机械、建材机械、工程车辆及设备	德国、中国、印度、南非	222.5	11
	生化分析仪器	德国、中国、越南		
	太阳能	德国、中国、美国、印度		
	废水及废物处理	德国、中国		
	消费电子	德国、中国		
	物流远程传送及交通运输	德国、中国、土耳其		

资料来源：德国展览协会2012年报告

德国五大展览公司都是跨国公司，也是全球展览业经营规模位于前列的公司。这五家公司所经营的项目都是“专业展”（少数是B2B+B2C项目），主要为制造业服务。另一个特点是，这五家公司所经营的项目各有所长，且历史悠久，在展览主题上很少相互交叉。

由此可知，德国五大展览公司的发展战略是建立在各自发展“专业展”项目的基础上的。凡是以为无所不能的会展主办方，特别是以为单靠策划就可以获得发展的主办方，要么是不懂得什么是发展战略，要么是缺乏执行发展战略的能力。这种主办方的发展不可能健康，也很难稳定持续发展。

【项目小结】

本章主要论述了市场调查技术的主要方式，市场调查问卷设计的步骤，会展调查的主要内容；以及制约会展主题选择的因素，还阐述了会展项目主题选择的方法，论述了会展项目可行性评价指标，以及会展项目可行性报告撰写的内容规范。

【项目实训】

世博会已经有150多年的历史了，从1933年在美国芝加哥举办的世博会确立“一个世纪的进步”这一主题后，历届世博会均有各具特色的主题。世博会对于主题的要求很高，既要符合国际展览局的要求、适合举办国国情，又要代表世界潮流，能引起大多数国家的兴趣。

2010年在上海举办的世博会的主题是“城市，让生活更美好”。结合上海城市自身的特点及我国国情以及世界潮流、发展现状，分析上海申办世博会的依据有哪些？其主题内涵对世博会的影响有哪些？

1．操作步骤

步骤一：收集并分析历史上成功的世博会的主题演绎

步骤二：罗列上海申办世博会的依据

步骤三：分析上海世博会的主题内涵对世博会内容的影响

2．学生互评与教师点评

学生互评与教师点评表

大类指标	分类指标	分值	学生互评	教师点评	总分
理解世博会主题	收集主题数量	5			
	分析主题之间的变化	10			
	主题与主办国关系	10			
上海世博会依据	时代因素	10			
	产业因素	10			
	上海区位因素	10			
	人才因素	10			

续表

大类指标	分类指标	分值	学生互评	教师点评	总分
上海世博会主题分析	主题内容	5			
	活动内容	10			
	列出之间内在一致性关系	10			
	列出之间不一致的现象	10			

项目三

会展项目立项策划与报批

【项目概述】

会展策划程序来源于决策和创造相结合的科学规律。决策是对未来将要发生的事情进行预测，并采取相应的策略，即面向未来，为当前决策提供依据；创造就是在决策过程中，面对可能出现的问题采用创新的解决方法，也是针对未来发展的一种创造。本章系统讲述了会展策划的程序、方法、实施步骤，以及会展项目申报的相关法律法规。

【项目学习目标】

1. 具备计划会展整体工作程序的能力。
2. 掌握会展创意策划方法的能力。
3. 具备会展项目财务分析的能力。
4. 具备会展项目申报的能力。

【案例导入】

— 第六届中国花卉博览会总体策划方案提纲 —

第一章 “六博会”总体分析

一、六博会基本情况

二、六博会、五博会、昆明世博会主要情况比较

三、举办六博会面临的有利条件

四、举办六博会面临的不利条件

五、举办六博会的综合效益分析

六、举办六博会的市场分析

第二章 “六博会”整体构想

一、六博会办会目标

二、六博会筹办工作重点

三、六博会执行的组织框架

四、六博会的资金筹措

五、六博会的人才开发计划

六、六博会筹办的战略实施阶段

第三章 “六博会”活动方案

一、六博会主要活动

二、五博会、世博会的主要内容

三、六博会活动的目标

四、六博会活动选择的原则

五、六博会活动内容的初步效益分析

第四章 “六博会”招展工作方案

一、六博会招展工作的主要内容

二、六博会招展目标

三、六博会招展面临的有利条件和不利条件

四、六博会招展工作的重点及方式

五、六博会招展工作的初步设想

第五章 “六博会”宣传推介方案

一、世博会和五博会的宣传推介情况

二、六博会的宣传推介工作目标

三、六博会的宣传推介工作重点

四、六博会的宣传推介实施构想及时机选择

第六章 “六博会”市场开发方案

一、世博会和五博会的市场开发情况

二、六博会的市场开发工作目标

三、六博会市场开发工作重点

四、六博会市场开发的实施构想及时机选择

第七章 “六博会”场馆及配套设施建设方案

一、六博会场馆建设的基本原则及内容

二、六博会场馆会期效益及长久效益初步分析

三、六博会场馆建设面临的有利条件和不利条件

四、六博会场馆建设进度

第八章 “六博会”城市建设整治工作方案

一、昆明世博会、顺德五博会期间城市建设工作概况

二、六博会城市建设整治原则及目标

三、城市建设整治工程

四、城市建设整治效益初步分析

第九章 “六博会”旅游开发方案

一、世博会的旅游开发概况

二、六博会旅游开发总体构思

三、六博会旅游开发条件

四、六博会旅游开发工作重点

第十章　“六博会”接待工作方案

一、接待原则

二、接待内容

三、接待目标

四、昆明世博会、顺德五博会接待工作情况

五、六博会接待工作的有利条件和不利条件

六、接待重点选择

七、接待实施

讨论　请分析上述会展项目总体策划方案的提纲结构，是否能准确地论证这个展会的总体策划思路?

分析　一个优秀的展会策划方案不仅体现了展会组织者组织展会的目的，更重要的是通过它来吸引广大商家参展、参会。从某种意义上来说，策划方案就是一座桥，一头连着商家、采购商，一头连着展会组织者。组织者要通过这座桥把商家、采购商等邀请过来，商家、采购商等要跨过这座桥才能更好地触摸市场。

【知识链接】

第八届中国国际花卉园艺展览会（http://www.hfexpo.org）

微信扫码直接进入网站　　微信扫码观看花博会视频

任务1 会展策划常用的工具性方法

创意展会的主题，是人们进行诸多创意活动中的一种。由于人们创意思维作用的领域十分广阔，因而随着创意产业在国内外的迅速发展，总结创意经验并将其规律化渐成“显学”。

目前，流行的工具性创意方法很多，如“头脑风暴”法、“5W2H”法、“三境界”法、“六项思维帽”法、“行停”法、“三五”法、“和田创造”法，以及发散思维法、收敛思维法、形象思维法、直觉与灵感思维法等。这些方法的共同特点是，通过总结成功创意的实践经验，试图用可以依循的规律帮助创意者激发创造性的思维并规范思维。了解并掌握创意的工具性方法，掌握会展策划工作创意展览会主题的确定方法，尤其对会展策划的学习者，应该是有益的。

在展览业内，经常用到的工具性创意方法有“头脑风暴”法、“SWOT分析”法和“短缺比较”法。现结合展览会主题创意的实践作以下简略的介绍。

一、“头脑风暴”法

“头脑风暴”是展览业内较为常用的工具性创意方法。

“头脑风暴”（Brain-storming）法，又称“BS法”，是美国学者阿里克斯·奥斯本（A.F.Osbern）在1938年提出的。“头脑风暴”是激发人们产生创造性思维的一种集体讨论的方法。其内涵有以下四点。

一是，思想的产生有赖于联想，而联想能力在一定程度上得益于不同思想的相互启发和诱导；二是，人们的想象力在集体讨论中一般比单独思考更能发挥；三是，在相互启发并营造“智力竞赛”的氛围下，人们的思想能力明显增强，尤其能够激发灵感的产生；四是，在集体讨论中，在他人激励、引申和扩展的帮助下，个人的创造性思维得到升华，这无疑有利于丰富和完善思维。

为了营造集体讨论的热烈气氛，并令其富有成效，组织者必须对与会者有所要求。其原则是：鼓励提出新奇设想；倡导自由思考；不允许批评提出设想的人；引导与会者结合他人的简介提出新的设想。

采用“头脑风暴”方法组织集体讨论，其具体做法是：预设会议讨论的主题，一般组织10人左右参加讨论会。会议主持人必须提前“做功课”，以利于围绕主题引导讨论；主持人需要有活跃会议气氛、激励思想交流的技巧。主持人围绕主题引导讨论，需掌握五个步骤，即准备、热身、明确问题、畅谈、加工设想。通过集体讨论，与会者对预设主题所提出的设想，一般分为可行、荒谬或介于可行、荒谬两者之间的三类，最后经由集体评价筛选最佳方案。

在“头脑风暴”方法的基础上，日本学者武知考夫提出了“T.T.STORM法”，把创意的思维过程归结成集中目标、广泛思考、探索相似点、系统化、择优、具体化六个步骤。国内外许多专家学者对此方法也做了改进和创新，如“默写式智力激励法”“卡片式智力激励法”“三棱智力激励法”等。

“头脑风暴”方法的意义，可以用中国成语“三人行必有我师”和“集思广益”加以概括。

展览会的主题由个人单独提出创意后，马上付诸实施的情况是很少的。而普遍的情况是，创意者在初步构想后往往会主动征求别人意见。在管理制度较为完善的展览会主办方，集体讨论展览会的主题创意是策划工作的常规程序。而这种小规模的集体讨论（会议人数一般为3人以上、10人以内），经常会采用“头脑风暴”方法。而管理相对落后的展览会主办方，有经验的当家人对于新的主题创意，无论是自己提出的，或是他人建议的，大多会在一定范围内征求意见，并会在此过程中与发表意见者进行讨论。这种情况也可看作是另类的“头脑风暴”。

二、“SWOT分析”法

“SWOT分析”法是根据20世纪60年代美国学者迈克尔·波特（Michael E.Porter）的竞争战略理论提出的。“SWOT分析”是企业内部进行战略分析的一种方法。按照迈克尔·波特的竞争战略概念，战略应是一个企业“能够做的”（即组织的强项和弱项）和“可能做的”（即环境的机会和威胁）之间的有机组合。

“SWOT分析”法的内涵是：根据企业既定的内在条件，分析企业的优势、劣势及核心竞争力。其中，S代表Strength（优势）；W代表Weakness（弱势）；O代表Opportunity（机会）；T代表Threat（威胁）。在SWOT分析中，S，W是内部因素，O，T是外部因素。

在对展览会主题进行创新并初步论证时，经常会使用“SWOT分析”法。

三、“短缺比较”法

“短缺比较”是本书总结归纳的一种新的创意方法，特别适合于展览会主题的地域性创新和主办方的创新。

“短缺比较”方法的内涵是：通过信息比较，了解本地或某地展览会主题的“短缺”，从而产生创意。

采用这种方法收集信息的对象，一般是国内外展览业比较发达的国家或城市。比如，中国展览业者收集德国柏林、汉诺威、杜塞尔多夫、法兰克福、科隆、莱比锡、慕尼黑、汉堡、纽伦堡、斯图加特等著名展览城市展览会的举办信息，了解中国展览会主题的“短缺”，进而生发创意。又如，郑州市展览业者收集“北上广”以及东部地区深圳、杭州、厦门、青岛等城市展览会的举办信息，了解郑州展览会主题的“短缺”进而生发创意。

通过“短缺比较”法对展览会主题进行创新，具有信息来源清晰，创意对象明确，操作可借鉴等优点。有经验的商业性展览会主办方尤善此道。

会展策划中作者对展览会主题进行创新时，往往需要借助一些工具性的方法，旨在促使创意思维及其表达的条理化（逻辑化）。不能条理化（逻辑化）思维并表达的创意，是难以说服主办方决策者、集体研讨者或被征询意见者的，甚至最终难以说服创意者自己。

本任务介绍的“头脑风暴”“SWOT分析”和“短缺比较”三种方法，也存在一定的逻辑关系：可以先以“短缺比较”法获得展览会主题创意，再采用“SWOT分析”法梳理创意思维，然后通过“头脑风暴”法集体研讨创意。需要强调的是，创意的工具性方法只是用来辅助创意，而不可能替代创意！

任务2 会展项目立项步骤

会展策划是指充分利用现有信息和资源，判断事物变化发展的趋势，全面构思、设计，选择合理、有效的方案，使其达到预期目标的活动。策划是一个综合性的系统工程，目标是起点，信息是基础，创意是核心。会展策划就是会展企业根据收集和掌握的信息，对会展项目的立项、方案实施、品牌树立和推广、会展相关活动的开展、会展营销及会展管理进行总体部署和具有前瞻性规划的活动。

一、成立调研小组

会展策划工作需要集合各方面的人士进行集体决策，因此，首先要成立一个会展策划小组，具体负责会展策划工作。一般而言，会展策划小组应该由以下几种人组成：策划主管、公关媒体联络人员、市场调查人员、美术设计人员、策划人员、文案撰写人员。

（一）策划主管

策划主管一般由总经理、副总经理，或者业务部经理、创作总监、策划部经理等人担任。在会展公司里，业务主管具有特殊地位，是沟通会展公司与展会服务承包商、参展商的中介，一方面代表会展公司与展会服务承包商、参展商等洽谈业务，另一方面又代表展会承包商等监督会展公司一切活动的开展。

（二）策划人员

策划人员一般由策划部的正副主管和业务主管来承担，主要负责编拟会展计划。

（三）文案撰写人员

文案撰写人员专门负责撰写各种会展文案，包括会展常用文书、会展业务社交文书、会展业务专用文书、会展业务推介文书、会展业务事务文书、会展业务合同协议文书、会展业务法律文书等。文案撰写人员应该能够精确地领悟策划小组的集体意图，具有很强的文字表述能力。

（四）美术设计人员

美术设计人员专门负责进行各种类型视觉形象的设计。美术设计人员是策划小组很重要的组成部分。因为在整个会展策划过程中，诸如各种类型的广告设计、展示设计、展示空间设计等都需要美术设计人员的参与。美术设计人员必须具有很强的领悟能力和很强的将策划意图转化为文字和图片的能力。

（五）市场调研人员

市场调研人员负责进行各种复杂的市场行情调查，并能写出精辟的市场调查报告。

（六）公关及媒体联络人员

公关及媒体联络人员负责为会展公司创造融洽、和谐的公众关系氛围，以获得各方面的支持和帮助，同时还能够从公关的角度提供建议。要求熟悉各种媒体的优势、劣势、刊物价格，并且与媒体有良好的关系，能按照会展策划的部署，进行媒体规划，争取最佳的广告宣传效果。

在会展策划的过程中，由业务主管负责，各方面人员需要通力配合，协调一致，共同做好会展策划工作。

二、进行市场调查

市场调查是以科学的方法，系统地、有计划、有组织地收集、调查、记录、整理、分析有关产品或劳务市场等信息，客观地测定与评价，发现各种事实，用以协助解决有关营销的问题，并作为各种营销决策的依据。

以某一次会展为例，主办者需要将市场调研的重点放在以下四个方面。

（1）市场前景分析（如政策可行性、市场规模及类型等）。

（2）同类会展的竞争能力分析。

（3）本次会展的优势条件分析。

（4）潜在客户需求调查。

总之，在瞬息万变的市场中，如果没有科学的市场调研和预测做先导，会展的策划、运作就很难达到预期的目的。

三、决策会展策略

做出会展决定是一个决策过程，应该有相应的程序。在一般情况下，会展决策应该考虑营销需求、市场条件、营销方式、内部条件等因素。在充分地进行市场调研与预测之后，接下来，需要进行会展目标市场的定位和制订会展营销计划。

以展会为例，组织者在进行目标市场定位时需要考虑以下因素：展会的类型、产业标准、地理细分、行为细分。

（一）展会的类型

组织者首先要明确自己主办的是什么类型的展会，因为政府主办的会展、公益性质的会展和商贸会展在具体操作模式和策略的制订上有很大的区别。

（二）产业标准

导致会展目标市场定位复杂的原因之一是一次展会往往要涉及多个产业。例如，举办一次汽车展，组织者除考虑汽车生产企业划分，还要努力吸引销售、运输等汽车需求较大的企业，甚至一些研究机构等，充分挖掘行业产业链上各种需求关系。

（三）地理细分

由于不同地区的参展商和专业观众有着不同的需求特征和营销反应，所以地理变量经常被作为细分会展市场的依据。在进行地理细分时，展会组织者不仅要分析不同国家的参展商对会展的个性化要求，而且要弄清楚参展商在本国的具体分布，这样才能有效地进行决策。

（四）行为细分

行为细分是根据参展商的参展动机、购买动机、购买状态或对会展的态度等进行划分，其中参展动机被认为是进行会展市场细分的最佳起点。

决定会展策略应该在充分掌握现有相关资料的基础上进行，如宏观政策环境、企业经营实力、会展市场竞争状况、顾客满意程度等。从会展营销的角度来说，一份会展营销计划应该包括会展营销现状分析、企业（或具体会议、会展）SWOT分析、营销目标的确立、市场营销组合策略、具体的行动方案、营销预算费用以及营销计划与控制等。

四、制订媒体策略

现代社会是一个信息社会，人与人之间、企业与企业之间都需要交流，而信息交流的主要载体便是各种各样的媒体。实施有效的媒体策略对会展活动组织者至关重要，会展组织者根据有限的广告预算以及举办会议或会展的需要和条件，来选择合适的媒体。在选择媒体的类型时需要综合考虑目标受众的媒体习惯、产品性质、信息类型以及广告成本等因素。

（一）政府策略

从提升城市形象的角度分析，在一次大型的国际会议或展览会中，城市政府面向媒体的主要工作包括以下三点。

1. 在会展活动开始之前

政府需要媒体对展会前期的准备工作、展会的特点及创新性等作大量宣传报道，具体方式有举行记者招待会，或组织专家学者讨论并在专门的媒体上发表声明，以吸引市民和潜在专业观众的注意。

2. 在展会举办期间

继续组织有关媒体尤其是本地的主流报纸或电视台对会展活动作进一步的宣传，以满足不同公众对活动关注的需要。

3. 活动结束之后

政府应该鼓励媒体对此活动的效应和成果等作出总结性的报道，以加深公众的印象，并达到提升城市形象的目的。

（二）参展商策略

1. 在展会开幕之前

参展商除了可以通过直接邮寄等方式与客户联系并邀请对方光临自己的展台外，还要积极利用各种形式的媒体对本企业的参展活动作大量宣传，可以在报纸、杂志或参展手册上刊登广告，也可以利用展会主办方发行的展会快讯，宣传和介绍企业参展产品，以吸引专业买家来洽谈。

2. 在展会期间

还可以通过别出心裁的现场表演、公关事件，或召开新产品推介会等，吸引媒体以及专业观众的广泛关注。

3. 新闻报道

为了推广企业品牌形象或提高产品的知名度，参展商必须与媒体保持良好的关系，并积极提供有价值的新闻，争取让媒体在展会期间对本企业给予更多报道。

4. 互联网传播

随着移动互联网被深入广泛地应用，在会展媒体制订上，必须与时俱进，选择更加有效的媒体策略。比如，搭建自己的微信、微博、微社区平台，充分发挥微平台之间的相互作用，从内容性和分享性的角度出发，制作出目标人群需求的、乐于分享的信息增加曝光度。

五、制订展示设计策略

商业会展展示设计是以传达会展信息、吸引参观者为主要机能的，有目的、有计划的环境、展台、展品设计。好的设计能提高展会的品位，吸引参展者、参观者，对产品营销也能起到潜移默化的作用。在宣传材料外观的设计上，必须要尊重整体的风格，同时，要能形成强大的视觉冲击力。外观设计主要是解决材料的形状和大小两个问题，并且要求设计富有人性化，便于人们携带。

对于较大的展会，展示设计工作在开展前8个月就需开始。

从参展商的角度来说，设计不仅仅是展台设计的问题，在策划阶段就要考虑设计会展结构、取得会展公司的设计批准、制作会展宣传册等。

展台设计根据具体要求有不同的设计原则、功能区分，所以其设计原则也是千差万别的。

【知识链接】

中国原创展示设计大赛（http://www.expo-cn.net）

微信扫码观看宣传片

六、项目预算方案

良好的财务管理和预算控制是筹办会展最重要的因素之一，如果安排得当不仅能起到增加收益的作用，而且能使管理者了解收入的来源及比例、分析主要的投入项目、确定主要的收入来源。预算是协助实现财务目标的一个工具。可以把预算看作是一张特有地图，它能引导公司达到所寻找的目标。为了达到这个目标，会展在制订预算时必须做到有计划、有步骤，不断更新信息。制订一份会展预算方案至少应包括以下几个方面的内容。

（1）历史数据　回顾过去的工作，以便制订出相对精确的新预算。

（2）行政管理费　包括项目共享的费用，如工资、奖金和复印、电话、信函来往、计算机等支付的费用。

（3）收益　预算带来的收入，包括公司拨款、预算、注册费、出售展品和纪念品的收入、赞助等。

（4）固定费用　印刷和邮寄宣传资料所需的费用。

（5）可变费用　餐饮费等。

（6）详细开列的项目　列明预算中的各个项目。

（7）调整控制　由于预算是根据估计而制订的，因此不一定准确，需要不断地调整。

在展会中，为了衡量一个项目的财务成果，必须设置一个用于实现既定财务目标的预算开支。预算采用的方式，可以视情况而定。

任务3　会展项目财务管理方法

一、会展项目财务管理目标和内容

会展项目财务管理的目标是指项目理财活动应当努力达到的境界和水平。会展项目财务管理是以利润最大化和外部效益最大化为目标。财务管理目标是指导会展项目理财活动的方向，是评价会展项目经济效益的基本标准，是项目理财活动的出发点和归宿。

财务管理的对象是企业的资金运动。会展项目的资金运动主要包括资金的筹集、耗费和回收三个环节，其中资金的筹集和回收是会展项目的现金流入，而资金的耗费则是会展项目的现金流出，其主要内容包括以下几个方面。

（一）筹资管理

会展项目的筹资，是指项目组织者根据会展项目需要经济有效地筹措和集中资金的活动。

按产权关系，资助金分为自由资金和借入资金两种形式。会展项目筹资的基本要求是遵循国家法律和政策的规定，贯彻经济效益的原则，从数量和时间上满足项目的需要，同时降低资金成本，控制财务风险，提高筹资效益，最终实现财务管理的目标。

（二）营运资金管理

会展项目的营运资金是指在会展项目进行过程中快速周转的资金，营运资金有广义和狭义之分。广义的营运资金又称毛营运资金，是指占用在流动资产上的资金；狭义的营运资金又称净营运资金，是指流动资产减去流动负债后的余额。通常，营运资金的管理既包括流动资产的管理，又包括流动负债的管理。

（三）成本费用管理

控制成本费用是实现目标利润的重要手段。会展项目的成本费用管理，是指项目组织者为保证项目目标的实现而制订成本预算，并对项目实施过程中发生的成本费用进行检查、监督和控制，努力将实际成本控制在预算范围内的管理过程。

（四）利润管理

利润是指会展项目的经营净成果，是会展项目的收入减去成本后的余额。会展项目的利润管理主要包括利润规划和利润控制等方面的内容。在项目进行前，项目组织者应通过合理的利润规划制订出最优的利润。通过最优目标利润的制订，一方面明确项目财务目标，以会展的全部财务工作围绕目标利润展开；另一方面可以为最终的项目经营绩效考核提供标准。

二、会展项目财务预算管理

预算是项目组织者为了实现既定的财务目标，根据项目开展进度和任务的要求编制的财务计划。财务预算是会展项目财务决策的具体化，是控制整个会展项目资金运动的重要依据。制订财务预算有利于控制项目的各项收支，有利于项目资源得到充分利用，从而获得良好的经济效益。

财务预算是关于资金的筹措和使用的综合计划，包括短期的现金收支预算和信贷预算，以及长期的资本支出预算和长期资金筹措、收入预算。

（一）会展项目预算管理对象

预算与实际业务相辅相成，有业务活动就有资金运动，把项目预计的资金运动情况按一定的方式记录下来就形成项目预算。会展项目的财务预算主要是对会展项目的现金流入和流出的预算，其中现金流入包括各种筹资和收入，如拨款收入、展位收入、门票收入、赞助、提供服务收入等；现金流出主要指支出费用，如场馆租金、市场开发费、会展营销费用、人员费用和支付给服务承包商的费用等方面。

1．会展项目的收入预算

会展项目的收入预算主要从主营业务收入、政府资助收入和资源开发收入等三方面进行。一般情况下，市场化运作的商业会展项目多以主营业务收入和资源开发收入为主；政府机构主办的或支持的项目多以政府拨款和资源开发收入为主。

（1）主营业务收入的预算　会展项目涵盖范围广泛，不同项目类型，其主营业务收入的来源也不同。例如会议项目的主营业务是召开会议，其主营业务收入的来源是参会费，即与会者向会议主办者缴纳的参加会议的费用。又如展览项目的主营业务是展位的出租，其主营业务的收入来源是展位费收入，即参展企业或组织租用展位支付的租金。一般情况下，主营业务收入是商业会展项目最主要的收入来源。编制这部分收入预算时，应充分考虑到市场因素对价格的影响，以保证预算的准确性和可靠性。

（2）政府资助收入的预算　对于政府机构主办的或者政府大力支持的会展项目，政府相关的部门会给予一定的拨款，以保证项目的顺利运营。这部分收入是政府财政支出项目，数额一般是固定的，其预算过程比较简单，预算结果出现偏差的可能性不大。

（3）资源开发收入的预算　资源开发收入是项目组织除了主营业务收入外，充分利用会展项目的各项有形资源为项目的各方参与者提供其他服务获得的收入，主要包括：门票收入（入场费）、广告赞助费收入、其他服务收入利息收入等。

2．会展项目的支出预算

会展项目的支出预算主要从场馆费用、布展搭建费用、招商招展费用以及行政后勤费用等方面进行。会展界一般将会展支出费用分为五大类，并根据不同的特点和标准提出分配比例和备用比例，具体见表3-1。

表3-1　会展费用分类表

类别	用途	占总预算比例
场馆费用	场地费是指租借会场和展馆、展场的费用。要根据会议规模来确定场地的大小、多少，会场越大、越多，费用越高。举办会展可根据实际需要展位面积预算费用	30%~40%
设计施工费（展台费用）	设计、施工、场地租赁、展架制作及搭建和拆除、展具制作和租用、电源连接及用电、电器设备租用及安装、展品布置、文图设计制作及安装等	10%~20%
展品运输费	展品的制作或购买、包装、运输、装卸、仓储、保险等，这部分开支因距离远近、展品多少而有所不同	10%~20%
宣传公关费	宣传、新闻、广告、公共关系、联络、编印资料、录像等，这部分开支收缩性大，有些展出者在宣传广告、公关、编印资料等方面有专门的预算，展览宣传等工作是整体宣传工作的一部分，在这种情况下这类开支项目可列为简介开支项目	10%~30%
行政后勤费	简介开支：正式筹备人员和展台人员的工资是展出者的经常性开支，虽然并不从展览预算中开支，但是从管理角度看，为了计算展览工作效率和效益，必须计算人员开支 行政后勤的直接开支费用主要有人员的交通、膳食、住宿、长期职工的补贴、人员培训、人员制服、临时雇员的工资等方面的支出	10%~20%

成熟的会展项目的支出预算可以在历史数据的基础上进行，预算的准确度相对较高；新的会展项目则要根据市场调查后者同类项目的市场数据进行预算，需要更多的假设和主观判断，其准确度相对较低。

3．会展项目的筹资预算

会展项目的资金可以通过多种渠道来筹集，不同来源的资金可使用时间的长短、附加条款的限制和资金成本的大小都不相同，这就要求项目组织者在筹资时不仅要从数量上、时间上满足生产经营的需要，而且要考虑资金成本的高低与财务风险的大小，以便选择最佳的筹资组合，实现财务管理的整体目标。会展项目初始资金的筹集方式主要有自有资金筹资和借入资金筹资两种。

（1）自有资金筹资　对于一个会展项目而言，自有资金是指项目主办机构自行拨付的款项，即拨款收入。拨款可以采用现金、实物资产等形式。

（2）借入资金筹资　借入资金又称项目的债务资金、负债，按资金可用时间分为短期负债和长期负债。其中，短期负债包括短期借款、融资券、应付账款、预收账款和其他短期应付款等；长期负债主要包括长期借款、企业债券、租赁融资和其他长期应付款，是大型会展项目的重要筹资方式之一。

（二）会展项目预算管理的工作步骤

1．预算信息的获取

预算编制程序是在有限的信息和假设的基础上展开的，信息的正确性和假设的合理性需要在项目的运营过程中加以检验，信息的偏差会导致预算偏离项目的财务目标。偏离的幅度过大，将会导致预算失去意义，所以要根据实际情况及时地获取内部历史信息和外部市场信息，掌握的信息越多，预算的准确度越高。

2．预算的制订

按照收入和支出项目设置相应的会计科目，并为每个会计科目编号，然后在设定的框架和条件下，预测各个科目的金额。新项目预算的制订方法有两种：一是零基预算，即对每一收支项目的预算都从头开始，分析研究预算期内的实际需要和收益，而后确定其发生额；二是参考同类项目的决算数据确定收支项目发生额。老项目一般根据上届项目决算数、业务量增减变动数和现行价格来制订本次预算。

3．决算

从广义看，预算工作中还包括决算环节。决算是对预算实施情况的核算、分析和总结。决算工作的重点是对预算和实际发生额之间进行差异分析。预决算的差异分析主要是对导致差异产生的各种因素进行分析，具体包括以下几点。

（1）外部环境影响分析　即对经营环境、竞争对手以及供给条件等外部因素的影响分析。

（2）内部环境影响分析　即对组织结构变动、业务流程变动以及人员绩效变化等影响进行分析。

（3）预算过程影响分析　即对预算时没有考虑的因素或采用的预算方法存在缺陷等影响进行分析。

预决算的差异分析不仅能为以后的预算打好基础，同时还能反映项目的潜力，为今后项目扩大收入和压缩成本提供数据依据。

三、会展项目利润管理

利润是项目在一定时期内全部经营活动的净成果，是全部收入与支出相抵后的净额。会展项目在一定时期内通过运作应当达到的利润水平，称为会展项目的目标利润。利润是项目正常运营的基础，是评价项目经济效益的重要标准。从一般意义上说，企业利润管理包括利润规划、利润控制和利润分配三部分。会展项目利润管理，是项目组织者制订目标利润，并以目标利润为标准，对项目资金运动全过程进行决策、计划和控制，保证财务目标实现的一系列活动。

会展项目的利润管理主要包括利润规划和利润控制两部分。在会展项目正式开展前，项目组织者应通过科学的收支预测，规划并制订出项目的最优目标利润，作为项目的财务管理目标。在项目的运营过程中，全部财务管理工作都要围绕目标利润展开，应对影响目标利润的各项因素进行检查、监督和控制，并采取各种措施增收节支，提高利润，保证目标利润的实现。

（一）会展项目的利润规划

利润规划是在一定的条件下，通过对未来销售水平、成本水平的合理预测确定目标利润的过程。利润规划是现代科学管理方法之一，项目组织者应当在分析市场需求状况、自身提供服务或产品的能力以及其他辅助产品的供应状况等具体条件的基础上，通过对项目的规模、定价、成本和风险等情况进行分析和测算，合理地制订出目标利润。

进行目标利润规划的主要方法是本量利分析法。这种方法以研究成本对业务量的依存关系为基础，研究成本、业务量和利润三者之间的相互关系，也称为成本性态研究，是目标利润管理的基本方法。

1．成本性态

成本性态是根据成本与业务量之间的依存关系而做出的一种成本分类。根据成本性态不同，可以将成本分为固定成本、变动成本和半变动成本。

2．目标利润销售量和销售收入

盈亏临界点是指项目的总收入和总成本相等时的状态，此时边际贡献全部用来弥补固定成本，利润为零，即：

盈亏临界点的销售量=固定成本/（单价–单位变动成本）=固定成本/单位边际贡献

盈亏临界点的销售收入=固定成本/（1–变动成本率）=固定成本/边际贡献率

其中，边际贡献率也可表示为（单价–单位变动成本）/单价；边际贡献率与变动成本率（边际成本率，即单位变动成本和单价之比）之和为1。

盈亏临界点的销售量，是指会展项目达到保本状态的最低规模水平，对于会展项目而言就是指最低展位数量。在这个规模水平上，总收入仅仅能够弥补固定成本和变动成本，没有盈利；只有超过这个水平，项目才能盈利。

按销售量分析的盈亏临界点，适用于单品种的经营方式；而按销售收入分析的盈亏临界点，则同时适用于单品种和多品种的经营方式。

项目的正常销售收入超过盈亏临界点销售收入的部分称为安全边际，安全边际的贡献形成项目的税前利润，只有安全边际才能为项目组织提供利润。因此，目标利润的计算公式也可以表述为：

目标利润=目标安全边际×边际贡献率

综上所述，用量本利分析法预测目标利润时，可以使用以下公式：

目标利润=目标销售收入–（变动成本+固定成本）

=（单价–单位变动成本）×目标销量–固定成本

=单位边际贡献×目标销量–固定成本

=目标安全边际×边际贡献率

例1：某公司举办一个研讨会，场地租金等固定成本总额40,000元，与会人员的酒水和食品费用为每人200元，假定每位与会人员需交纳参会费400元，且除去以上成本外没有其他开支。

要求：① 求公司在盈亏临界点的参会人数。

② 预计250人参加，求其安全边际与目标利润。

解：① 盈亏临界点的参会人数=40,000 ÷（400−200）=200（人）

② 安全边际=（250−200）× 400=20,000（元）

边际贡献率=（400−200）÷ 400 × 100%=50%

目标利润=20,000 × 50%=10,000（元）

（注：利用目标利润的其他计算公式也可以得到上述答案。）

例2：某公司举办一个综合性会展项目，项目主要由文艺汇演、展览会和专题讲座三项活动内容组成。其中文艺汇演单位变动成本为每人40元，门票定价每人80元，占项目收入总额的10%；展览会单位变动成本每个展位1200元，租金为每个标准展位2000元，占项目收入总额的50%；专题讲座单位变动成本每人50元，入场费100元，占项目收入总额的40%。假定除门票费、展位租金和入场费外，项目无其他收入来源，项目的固定成本总额为180,000元。

解：各项活动的成本情况如下所示：

项目的加权平均边际贡献率=50% × 10%+40% × 50%+50% × 40%=45%

① 盈亏临界点的收入总额=180,000 ÷ 45%=400,000（元）

文艺汇演的参加人数=400,000 × 10% ÷ 80=500（人）

展览会的标准展位数=400,000 × 50% ÷ 2000=100（个）

专题讲座的参加人数=400,000 × 40% ÷ 100=1600（人）

② 目标利润下应达到的收入总额=（180,000+22,500）÷ 45%=450,000（元）

文艺汇演的参加人数=450,000 × 10% ÷ 80 ≈ 563（人）

展览会的标准展位数=450,000 × 50% ÷ 2000 ≈ 113（个）

专题讲座的参加人数=450,000 × 40% ÷ 100=1800（人）

（二）会展项目的利润控制

目标利润的制订建立在对未来销售和成本预测的基础之上，其依据是历史数据和市场调研，具有不确定性。因此目标利润制订后，在项目运营过程中，要对影响目标利润的各项因素进行控制。项目组织者的计划、技术、营销和财务等各部门应通力合作，采取各项措施，增加项目利润，保证目标利润的实现。

1. 目标利润控制的主要措施

目标利润控制的主要措施有确保服务质量、拓宽收入渠道、改进营销策略、控制成本费用、优化资本结构、增加和改善现金流量、优化资源配置。

2. 目标利润的实现

目标利润制订后，可以通过增加销售量、提高产品价格、降低产品成本等措施来保证目标利润的实现。

例3：某公司2005年举办的展览会实现利润50,000元，参会门票每张100元，单位变动成本60元，固定成本总额20,000元，2006年预计目标利润为2005年的1.2倍。试分析公司实现目标利润的途径。

解：① 如果其他条件不变，该公司可通过增加参会人数实现目标利润

2005年的参会人数=（20,000+50,000）÷（100–60）=1750（人）

2006年的目标利润=50,000 × 1.2=60,000（元）

2006年需要达到的参会人数=（20,000+60,000）÷（100–60）=2000（人）

2006年该会展项目需要增加250人参会才能达到目标利润。

② 如果其他条件不变，该公司可以通过降低单位变动成本来实现目标利润

1750=（20,000+60,000）÷（100–V）

V=54.29（元）

当单位变动成本下降（60–54.29）=5.71元时，可以实现目标利润。

③ 如果其他条件不变，该公司可以通过降低固定成本的方式来实现目标利润

1750=（F+60,000）÷（100–60）

F=10,000（元）

当固定成本下降10000元时，可以实现目标利润。

④ 如果其他条件不变，在提高服务质量的前提下，该公司可通过提高参会费（即单价）的方式来实现目标利润

1750=（20,000+60,000）÷（P–60）

P=105.71（元/人）

当参会门票（单价）提高（105.71–100）=5.71元时，可以实现目标利润。

以上为项目组织采取单项措施实现目标利润的例子。在实际工作中，单独采取某一方面的措施可能无法实现目标利润，这时应综合运用多种措施，以实现目标利润。

四、会展项目盈亏平衡分析法

所谓盈亏平衡，就是办展机构举办展会所得到的所有收入恰好能弥补其为举办该展会所支出的所有成本费用，也就是总收入正好等于总成本。能够使展会达到盈亏平衡的展会规模就是展会盈亏平衡规模，能够使展会达到盈亏平衡的展会价格就是展会盈亏平衡价格。

除了一些特殊情况，办展机构举办展会最基本的要求，应该是能够达到盈亏平衡的状态；换句话说，如果举办一个展会不能达到盈亏平衡，那么，这个展会举办的可行性就要仔细斟酌了。

（一）盈亏平衡分析方法

进行盈亏平衡分析，最重要的是要找到能够使展会达到盈亏平衡的“盈亏平衡点”：所谓盈亏平衡点，就是能够使展会达到盈亏平衡的展会规模或展会价格。找到了盈亏平衡点，就可以为展会制订更加合理的价格，为展会规划更为合理的展览规模。

如果展会是以单位标准展位来定价的，那么，展会的盈亏平衡价格可以按以下公式求得：

盈亏平衡价格（单位展位）=展会总成本/展会总展位数

按以上公式求得的盈亏平衡价格，就是能够确保展会不出现亏损的单位展位价格。如果单位展位的价格低于这个价格，展会就会出现亏损。

如果展会是以单位展览面积来定价的，那么，展会盈亏平衡价格就应该是单位展览面积的

价格，这时，展会的盈亏平衡价格可以按以下公式求得：

盈亏平衡价格（单位展览面积）=展会总成本/展会展览总面积

展会的规模，通常是通过该展会拥有的标准展位数量或者是该展会的展览面积来衡量的。相应的展会的盈亏平衡规模就有两种表示方法：一是通过计算能够使展会达到盈亏平衡的标准展位数量来表示，另一种是通过计算能够使展会达到盈亏平衡的展览面积来表示。

盈亏平衡规模（标准展位数量）=展会总成本/单位标准展位价格

能够使展会达到盈亏平衡的展览面积可以用以下公式求得：

盈亏平衡规模（展览面积）=展会总成本/单位展览面积价格

展会盈亏平衡点不仅对评估展会项目是否可行具有极大的参考价值，而且对改进展会的各种执行方案也具有积极的意义。由于展会的各种执行力方案对展会的总成本影响很大，因此，改进展会的执行方案，也就可以降低展会总成本，从而有利于展会的成功举办。

（二）基本盈亏方程式

将成本按性态进行分类后，量本利之间的基本关系式可表示为：

利润=销售收入-总成本

=销售收入-（变动成本+固定成本）

=单价×销售量-单位变动成本×销售量-固定成本

=（单价-单位变动成本）×销售量-固定成本

不同会展项目的收入来源和支出情况有所不同，但其利润形成的基本原理则是相同的。以展会为例，假设展会以展位收入为主要收入来源，用量本利分析法进行目标利润规划，其利润可表现为：

利润=总收入-总成本

=总收入-（变动成本+固定成本）

=单价×展会标准展位数-单位变动成本×展会标准展位数-固定成本

=（单价-单位变动成本）×展会标准展位数-固定成本

根据以上计算公式，可以对目标利润进行预测，其中销售量根据以前同类项目的运营水平和市场供求状况预测得出；单价根据国家的价格政策、项目的运营目的、项目提供服务的性质和市场供求状况决定；单位变动成本和固定成本依据相关成本、费用的历史资料确定。

公式中，单价减去单位变动成本后的余额称为单位边际贡献。销售量与单位边际贡献的乘积，也即项目总收入超过变动成本的部分，称为边际贡献总额。边际贡献首先用来弥补固定成本，盈余部分则形成项目的税前利润；如果边际贡献仅能弥补固定成本，则利润为零，表明项目处于盈亏临界或盈亏平衡状态，项目的收入总额只能保本；如果边际贡献不足以弥补固定成本，则表明项目运营亏损。

例4：假设某展会项目未来展位的销售量不确定，采用盈亏平衡分析法进行财务分析。

基础数据：

（1）展位销售价格　4800元/个（策划方案拟定的销售价格）

（2）成本费用一览表（表3-2）

（3）成本费用性质分析

根据成本费用与销售量的关系，可以将总成本费用分解为固定成本和变动成本。固定成本是指在一定范围内不受销售量影响的成本，变动成本是随销售量的增减而成正比例变化的各项成本。

表3-2 成本费用一览表

序号	费用名称	主要内容	金额或费用标准	依据
1	场地租金		1200元/个	会展中心
2	清洁安保费		18万元	会展中心提供
3	宣传推广费	包括广告宣传、主办费、协办费等	10万元	会展企业（营销人员提成按10%计算）
4	招展费用	包括资料费、电话费、差旅费、人员提成等	销售收入×10%	
5	相关活动费	开幕式、新闻发布会、招待酒会等	10万元	会展企业
6	办公费	办公费用和人员报酬	10万元	会展企业
7	税费	营业税	销售收入×5.5%	税法
8	观众邀请费	包括资料、电话、穿着	5万元	
9	不可预测费		10万元	
10	合计			

从成本费用一览表可以看出：清洁安保费、宣传推广费、相关活动费、办公费、不可预测费用五项在一般情况下不随展位销售量的增减而变化，属于固定成本；展位租金、招展费用、税费会随销售量的增减而成正比例变化，属于变动成本。

（1）盈亏平衡点的销售量 盈亏平衡点的销售量，也就是利润为0时的销售量。为方便计算，用一系列字母来代替各个经济指标：

B——利润
S——销售收入
C——总成本
BEP（Q）——盈亏平衡点的销售量
P——销售单价
Cf——固定成本
Cu——变动成本

根据会展恒等式：收入-费用=利润，可得：

$$B=S-C$$

求盈亏平衡点的销售量，即令B=0，可得：

$$S=C$$

$$PQ=Cf+Cu$$

4800Q=（180,000+100,000+100,000+100,000+50,000+100,000）+（1200Q+4800Q×10%+4800Q×5.5%）

Q=220.58（个）≈221（个）

（2）量本利分析

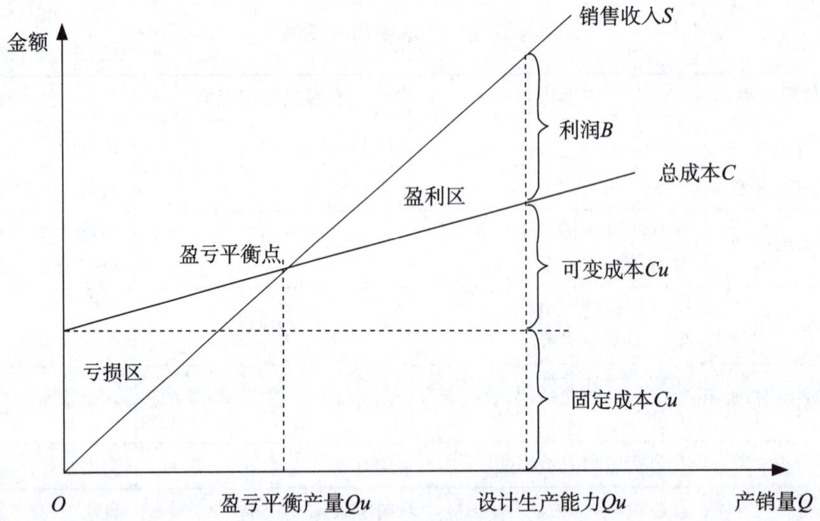

图3-1　量本利图

从图3-1中很直观地看出，销售收入线与总成本线的交点是盈亏平衡点，也叫保本点。项目在此销量（221个展位）下，总收入与总成本相等，既无利润，也不发生亏损。在此基础上，增加展位销量，销售收入超过总成本，收入线与成本线之间的距离为利润值，形成盈利区；反之形成亏损区。

通过计算分析，本展会项目盈亏平衡点的销售量是221个展位。业务部门可根据市场调查预测情况，对该项目进行经济评价。预计销售量超过盈亏平衡点销售量越大，则说明该项目实施后盈利的可能性越大，适应市场变化的能力越强，抗风险能力也越强，反之则相反。预计销售量小于盈亏平衡点销售量，说明该项目从经济效果方面评价是不可行的。

任务4　会展项目立项策划方案的撰写

会展策划就是会展的策略规划，为了展会的成功举办，必须对会展的整体性和未来性的策略进行规划。包括从构想、分析、归纳、判断，一直到拟定策略、方案的实施、事后的追踪与评估过程。

会展策划与计划不同，它有为达到目的的各种构想，这些想法和创意是新颖的，与目标保持一致的方向，有实现的可能。把策划过程用文字完整地记录下来就是会展文案。广义的会展策划方案可以涵盖经市场调查而产生的可行性研究报告、项目意向书、项目建议书以及广告策划方案、宣传手册等，包括围绕某次会展的展前、展中、展后所做的策划方案。

一、展会立项策划书的内容结构

展会立项策划书主要包括以下内容：

（1）办展市场环境分析　包括对展会展览题材所在产业和市场的情况分析，对国家有关法律、政策的分析，对相关展会的情况分析，对展会举办地市场的分析等。

（2）展会的基本框架　包括展会的名称和举办地点、办展机构的组成、展品范围、办展时间、办展频率、展会规模和展会定位等。

（3）展会价格及初步预算方案。

（4）展会工作人员分工计划。

（5）展会招展计划。

（6）展会招商计划。

（7）展会宣传推广计划。

（8）展会筹备进度计划。

（9）展会服务商安排计划。

（10）展会开幕和现场管理计划。

（11）展会期间举办的相关活动计划。

（12）展会结算计划。

二、展会立项策划书的写作要求

（一）展会名称

展览会的名称一般包括三个方面的内容：基本部分、限定部分和行业标识。例如，“第116届中国进出口商品交易会”，如果按照上述三个内容对号入座，则其基本部分是“交易会”，限定部分是“中国”和“第116届”，行业标识是“进出口商品”。

1. 基本部分

用来表明展览会的性质和特征，常用词有展览会、博览会、展销会、交易会和“节”等。

2. 限定部分

用来说明展会举办的时间、地点和展会的性质。

展会举办时间的表示有三种：一是用“届”来表示；二是用“年”来表示；三是用“季”来表示。例如：“第九届萤火虫动漫游戏嘉年华”“2015年秋ALEEX家电、照明及电子产品展”“2015春季中国婚博会”这三种表达方法里，用“届”来表示最常见，它强调展会举办的连续性。那些新举办的展会一般用“年”来表示。

展会举办地点在展会名称里也要有所体现，如：“第五届广州遮阳门窗展览会”中的广州。

展会名称里体现展会性质的词主要有“国际”“世界”“全国”“地区”等，如“中国（广州）国际康复设备展览会”中的“国际”表明展会是一次国际展。

3．行业标识

用来表明展览题材和展品范围，如“第六届迪培思（春季）广州国际广告标识展览会”中的“广告标识”表明这个展会是广告行业的展会。行业标识通常是一个产业的名称，或者是一个产业中的一个产品大类。

（二）展会地点

策划选择展会的举办地点，包括两个方面的内容：一是在什么地方举办；二是展会在哪个展馆举办。

策划选择展会在什么地方举办，就是要确定展会在哪个国家、哪个省份或者是哪个城市举办。策划选择展会在哪个展馆举办，就是要选择展会举办的具体地点。具体选择在哪个展馆举办，要结合展会的题材和展会定位而定。另外，在具体选择展馆时，还要综合考虑使用该展馆的成本多少、展期安排是否符合自己的要求以及展馆本身的设施和服务如何等因素。

（三）办展机构

办展机构是指负责展会的组织、策划、招展和招商等事宜的有关单位。办展机构可以是企业、行业协会、政府部门和新闻媒体等。

根据各单位在举办展会中的不同作用，一个展览会的办展机构一般有以下几种。

1．主办单位

拥有展会并对展会承担主要法律责任的办展单位。主办单位在法律上拥有展会的所有权。

2．承办单位

直接负责展会的策划、组织、操作与管理，并对展会承担主要财务责任的办展单位。

3．协办单位

协助主办和承办单位负责展会的策划、组织、操作与管理，部分地承担展会的招展、招商和宣传推广工作的办展单位。

4．支持单位

对展会主办或承办单位的展会策划、组织、操作与管理，或是招展、招商和宣传推广等工作起支持作用的办展单位。

（四）办展时间

办展时间是指展会计划在什么时候举办。办展时间有三个方面的含义：一是指举办展会的具体开展日期；二是指展会的筹展和撤展日期；三是展会对观众开放的日期。

展览时间的长短没有一个统一的标准，要视不同的展会具体而定。有些展会的展览时间可以很长，如“世博会”的展期长达几个月甚至半年，但对于占展会绝大多数的专业贸易展来说，展期一般3~5天为宜。

（五）展品范围

展会的展品范围要根据展会的定位、办展机构的优劣势和其他多种因素来确定。

根据展会的定位，展品范围可以包括一个或者是几个产业，或者是一个产业中的一个或几个产品大类。例如，“博览会”和“交易会”的展品范围就很广，如“广交会”的展品范围就超过10万种，几乎是无所不包；而德国“法兰克福国际汽车展览会”的展品范围涉及的产业就很少，只有汽车产业。

（六）办展频率

办展频率是指展会是一年举办几次还是几年举办一次，或者是不定期举行。从目前展览业的实际情况来看，一年举办一次的展会最多，约占全部展会数量的80%，一年举办两次和两年举办一次的展会也相对较多，不定期举办的展会已经越来越少。

办展频率的确定受展览题材所在产业的特征的制约。几乎每个产业的产品都有一个生命周期，产品的生命周期对展会的办展频率有重大影响。产品的投入期和成长期是企业参展的黄金时期，展会的办展频率要牢牢抓住这两个时期。

（七）展会规模

展会规模包括三个方面的含义：一是展会的展览面积是多少；二是参展单位的数量是多少；三是参展展会的观众有多少。在策划举办一个展会时，对这三个方面都要做出预测和规划。

在规划展会规模时，要考虑产业的特征。展会规模的大小还会受到展会观众数量和质量的限制。

（八）展会定位

展会定位就是要清晰地告诉参展企业和观众本展会“是什么”和“有什么”，具体地说，展会定位就是办展机构根据自身的资源条件和市场竞争状况，通过建立和发展展会的差异化竞争优势，使自己举办的展会在参展企业和观众的心目中形成一个鲜明而独特的印象的过程。展会定位要明确展会的目标、参展商和观众的构成、办展目标、展览主题等。

（九）展会价格和展会初步预算

展会价格就是为展会的展位出租制订一个合适的价格。展会展位的价格往往包括室内展场的价格和室外展场的价格，室内展场的价格又分为空地价格和标准层位的价格。在制订展会的价格时，一般遵循“质地优价”的原则，也就是说那些便于展示和观众流量大的展位的价格往往要高一些。在策划举办展会时，要根据市场情况给展会确定一个合适的价格，这样对吸引目标参展商参加展会十分重要。

展会初步预算是对举办展会所需要的各种费用和举办展会预期获得的收入进行的初步预算。

（十）人员分工计划

人员分工计划、招展计划、招商计划和宣传推广计划是展会的具体实施计划，这四个计划在具体实施时会相互影响。

人员分工计划是对展会工作人员的工作进行统筹安排。招展计划主要是对招揽企业参展而制订的各种策略、措施和办法。招商计划主要是为招揽观众参观展会而制订的各种策略、措施和办法。宣传推广计划则是为建立展会品牌和树立展会形象，并同时为展会的招展和招商服务而制订的计划。

（十一）展会进度计划、现场管理计划和相关活动计划

展会进度计划是在时间上对展会的招展、招商、宣传推广和展位划分等工作进行的统筹安排。它明确在展会的筹办过程中，到什么阶段就应该完成哪些工作，直到展会成功举办。展会进度计划安排得好，展会筹备的各项准备工作就能有条不紊地进行。

现场管理计划是展会开幕后对展会现场进行有效管理的各种计划安排，它一般包括展会开

幕计划、展会场地管理计划、观众登记计划和撤展计划等。现场管理计划安排得好，展会现场将井然有序，展会秩序良好。

展会相关活动计划是对准备在展会期间同期举办的各种相关活动作出的计划安排。与展会同期举办的相关活动中最常见的有技术交流会、研讨会和各种表演等，它们是展会的有益补充。

【知识链接】

1. 第16届CBME中国孕婴童展、童装展（http://www.cbmexpo.com）
2. 第11届中国国际动漫游戏博览会（http://www.ccgexpo.cn）

孕婴童展　2012孕婴童展现场　动漫游戏博览会　动漫游戏博览会报道

任务5 会展项目的申报

一、会展举办单位的资格

（一）国内商品展销会举办单位资格的规定

根据《商品展销会管理办法》规定，商品展销会的举办单位应具备的条件包括：具有法人资格、能够独立承担民事责任，具有与展销相适应的资金、场地和设施，具有相应的管理机构、人员、措施和制度。

（二）国内举办对外经济技术会展主办单位资格的规定

根据国务院下发的《国务院关于取消第二批行政审批项目和改变一批行政审批项目管理方式的决定》（国发〔2003〕5号）和《国务院办公厅关于我国境内举办对外经济技术展览会审批程序有关事项的复函》（国办函〔2003〕93号）撤销原外经贸部的《关于举办来华经济技术会展审批规定》，对原经营企业资格的审批放开，只要工商管理部门的营业执照中的经营范围内注明有主办或承办会展内容的企业，就可以申报举办会展项目。

（三）出国（境）举办经济贸易会展组办单位资格的规定

根据《关于修订<出国举办经济贸易展览会审批管理办法>的通知》（贸促展管〔2006〕28号）的规定，出国办展的组展单位资格应该具备的条件：依法登记注册的企业、事业单位、社会团体、基金会、民办非企业单位法人，注册3年以上，具有与组办出国办展活动相适应的经营（业务）范围；具有相应的经营能力，净资产不低于300万元人民币，资产负债率不高于50%；具有向参展企业发出因公临时出国任务通知书的条件。赴我国香港、澳门、台湾地区举办、参加经济贸易展览会等活动，不适用此办法。

二、会展项目的申报

（一）向主办单位的主管部门申报立项

向主管单位申报立项需要提交的资料主要包括：

（1）招商、招展方案和计划。

（2）合作单位证明材料（主办单位与承办单位、主办单位与协办单位等），联合或委托办展证明材料（境外机构联合或委托境内单位举办的需报）。

（3）办展可行性报告（首次举办的需报）。

（4）责任承诺书。

（5）场地租用情况证明材料。

（6）安全防范工作方案。

（7）上年度办展的总结和会刊。

（8）其他相关材料（请注明）。

（二）向会展举办地工商行政管理机关申报登记

主办或承办单位应向所在地工商管理提呈举办会展的登记申请。根据《商品展销会管理办法》，展销会举办单位应向举办地工商行政管理机关申请办理登记，若干个单位联合举办的，应当由其中一个具体承担商品展销会的组织单位向举办地工商行政管理机关申请办理登记。

在申请登记时需要出具的材料包括：举办人具备法人资格的证明材料；举办会展项目申请书，内容包括会展项目的名称、起止时间和地点、参展商品类别、举办单位银行账号、举办单位负责人名单、会展筹备办公室地址等；当地政府的立项批复；会展的组织实施方案；场地使用证明材料。

（三）会展主办者的审批

在我国，无论是出国办展，还是在国内办展，组展单位都要严格按照会展业实施的资质审核制度来办理资质审批手续，但会展行业协会目前还无法充分发挥其行业自律作用。因此，我国政府尚不能完全淡出会展市场。出国办展和国内办展仍应当继续严格按照规定办理资质申报和项目审批备案手续。一般会展项目报批程序如表3-3。

表3-3 会展项目报批程序表

审批会展	经贸类		科技类	
	国家	地方	国家	地方
国际展	商务部	市外经贸委	科技部	市科委
国内展	工商总局	市工商局	工商总局	市工商局
国际会议	外交部	市外事办	科技部	市科委

任务6 我国会展政策与法规

一、我国会展相关政策与法规

目前我国有关会展的法律法规还不健全，除了一些部门规章和地方性法规之外，还没有制定或出台一部真正意义上的全国性会展法。随着我国会展行业的发展，出台规范会展行业健康发展的法律势在必行。

我国的会展法律体系实际上是由我国许多部门法律法规和国际条约、国际习惯等所构成的集合体。在会展运行和管理过程中，如公司法律制度、合同法律制度、出入境管理制度、进出口管理制度、市场管理制度、交通运输管理制度、知识产权制度、WTO有关规则和国际惯例等，所有这些会展相关法规都涵盖在会展法律体系之内。这些理论的不断发展，也为会展的发展和不断完善打下了坚实的理论基础。

二、我国会展的立法及法律体系

（一）我国会展业的立法状况

我国会展立法工作尚处于初期阶段。从立法内容上看，会展业立法主要在于明确会展业的管理部门、管理办法、会展活动的主体以及各方面的权利义务，增强会展活动的透明度，规范会展市场，为经营者创造一个法制的市场环境。

（二）我国会展业的法律体系

我国会展业的法律体系主要由多层次法律法规组成。我国目前有两类法律法规调整着会展领域的社会关系。一是会展业涉及的通用性的法律法规，主要有合同法、公司法、保险法、知识产权法、文物保护法、广告法、产品质量法、反不正当竞争法、消费者权益保护法、海关法等。尽管这些法律法规从立法意图上不是专门针对会展业制定的，但也可以适用于会展领域；

二是专门性的法律法规，即专门针对会展业而制定的法律法规。

根据我国法律规定，拥有立法权的机关主要有：全国人民代表大会及其常务委员会、国务院及其各部委、地方人大和地方政府。它们分别制定不同层次、不同效力的法律法规，形成规范会展业的法律体系。

【拓展阅读】

—从业者应该知道的国家级会展政策—

1. 分类审批管理政策

（1）对展览面积在1000平方米以上的对外经济技术展览会，实行分级审批管理政策 其中，以国务院部门或省级人民政府名义主办的国际展览会、博览会等，须报国务院批准。国务院部门所属单位主办的，以及境外机构主办的对外经济技术展览会，报商务部审批。在北京以外地区举办的，主办单位须事先征得举办地外经贸主管部门同意。省级外经贸主管部门主办的和各省（自治区、直辖市）联合主办的对外经济贸易洽谈会和出口商品交易会，由商务部审批。地方其他单位主办的对外经济技术展览会，由所在省、自治区、直辖市外经贸主管部门审批，并报商务部备案。省级、副省级市人民政府，或省级外经贸主管部门可以主办对外经济贸易洽谈会和出口商品交易会。国务院部门可以部门名义主办与其主管业务有关的国际性展览会。2003年，国务院取消了在境内举办涉外经济技术展览会的主办单位资格的审批，但举办此类项目仍须报各级商务部门批准。中国国际贸易促进委员会系统举办的对外经济技术展览会，由中国国际贸易促进委员会审批并报对商务部备案。对其中在北京以外地区举办的，主办单位应事先征得举办地外经贸主管部门同意。对外经济技术展览会凡涉及台湾地区厂商或机构参展的，应报商务部审批，报国务院台湾事务办公室备案。海峡两岸的经济技术展览会，由商务部会同国务院台湾事务办公室审批。举办面积在1000平方米以下的对外经济技术展览会不须报批，但应报有关主管单位备案。

（2）科技类及文化展会以科研、技术交流、研讨为内容的展览会，由国家科学技术委员会负责审批。涉外文化艺术类的展会由文化部审批。

（3）出国展览管理 2004年7月1日开始实施的《行政许可法》，取消了组织企业出国举办或参加国际展览会的主办单位资格的审批，但出国办展的项目审批仍由国务院授权中国贸促会归口协调（审批）。

（4）展销会管理 1998年国家工商局曾发布《展销会管理办法》并由各级工商管理部门负责登记审批。但“十五”期间此办法各地已基本不再执行。因此，实际上只要不是上述涉外经贸类或科技类或出国展览活动，办展单位可以不经审批自主办展。

2. 协调管理政策

“十五”期间，国务院办公厅颁发了两个有关展览协调管理的行政性文件。一是《国务院办公厅关于在我国境内举办对外经济技术展览会审批程序有关事项的复函》（国办函〔2002〕93号），重申对涉外经贸展览要加强协调管理，严格审批办法，避免重复办展，规范展览行为。二是2004年国务院令第412号将“出国举办经济贸易展览会审批”设定为中国国际贸易促进委员会组织实施的行政许可项目。2006年中国国际贸易促进委员会和商务部联合印发《关于修订〈出国举办经济贸易展览会审批管理办法〉的通知》，重新公布了修订后的《出国举办经济贸易展览会审批管理办法》。扩展出国办展组展单位的范围。《办法》修正本取消了关于组展单位资格的有关规定，对组展单位应当具备的条件作出水平式规定。

这意味着，组展单位已经扩展到所有具备条件的境内法人。组展单位应当具备以下条件：（1）依法登记注册的企业、事业单位、社会团体、基金会、民办非企业单位法人，注册3年以上，具有与组办出国办展活动相适应的经营（业务）范围；（2）具有相应的经营能力，净资产不低于300万元人民币，资产负债率不高于50%；（3）具有向参展企业发出因公临时出国任务通知书的条件；（4）法律、法规规定的其他条件。

3. 利用外资政策

2004年，商务部颁布《外商投资企业在华举办会议展览公司管理暂行规定》，比较系统地制定了展览业利用外资政策。（1）鼓励设立为鼓励外国公司、企业和其他经济组织在中国境内设立外商投资会议展览公司，举办具有国际规模和影响的对外经济技术展览会和会议。（2）实行审批管理国家商务部及其授权商务主管部门是外商投资会议展览公司的审批和管理机关。申请设立外商投资会议展览公司的外国投资者应有主办国际博览会、专业展览会或国际会议的经历和业绩。

4. 知识产权保护政策

针对在展览会上屡屡发生的侵犯知识产权问题，2006年年初，商务部、国家工商总局、国家版权局、国家知识产权局联合制定出台了《展会知识产权保护办法》，对全国各地举办的各类经济技术贸易展览会、展销会、博览会、交易会、展示会等活动中有关专利、商标、版权的保护作了规定。该《办法》从2006年3月1日起实施。《办法》一是明确展会管理部门以及展会主办方对侵权展品的管理职责；二是规定知识产权投诉机构的设立；三是规定展会期间知识产权投诉的程序；四是根据专利、商标和版权保护的不同特点，规定相应的保护措施；五是严格法律责任，增加对侵权人的处罚和震慑。

【项目小结】

本章主要讲述了会展策划的四个阶段，会展策划中常用的策划方法，展会名称的三个部分内容，办展机构一般的组成部分，主管单位申报立项需要提交的资料，以及会展策划书的内容结构。

【项目实训】

某婚庆公司，想借助我国传统“七夕”情人节（农历七月七日）举办一次“全城热恋”活动，以推广公司品牌，邀请对象就是全城的未婚男女青年，如果你是活动项目经理，你将如何说服公司管理层进行立项？如何拿到确认活动项目可以举办的批文？

1. 操作步骤

步骤一：活动可行性分析

步骤二：立项书撰写

步骤三：说服领导或赞助商

步骤四：弄清举办聚会活动的审批程序

步骤五：拿到批文

2. 学生互评与教师点评

学生互评与教师点评表

大类指标	分类指标	分值	学生互评	教师点评	总分
可行性分析	市场需求分析	10			
	项目生命力分析	15			
	财务等问题	10			
立项书	主题设计与定位	10			
	执行方案	15			
	基本架构	10			
	效益分析	10			
审批程序	大型活动审批部门	10			
	前往审批时间安排	5			
	前往审批的策略	5			

项目四

会展营销管理

【项目概述】

会展营销是营销理论应用于会展业中而脱胎出来的一门新学科，是对会展营销实践的归纳和总结。会展营销的主体也有多种，就展览会而言，也有组织方、场馆方、参展商等营销主体，本项目以组织方为主体进行论述。

【项目学习目标】

1. 熟悉市场营销的基本理论。
2. 具备展区和展位划分的能力。
3. 具备会议、展览产品定价策划的能力。
4. 了解会展产品营销组合的策略。
5. 具备会展招展招商书写作的能力。

【案例导入】

— 国外会展营销给我们的启示 —

它山之石，可以攻玉。借鉴会展发达国家的成功经验，可以提高中国会展业营销（包括会展城市营销、会展企业营销）的整体水平。概括而言，国外会展界的营销实践对国内会展营销活动的启示可以归结为以下五点。

1. 切实更新营销观念

任何改革都来自于观念的创新。市场营销学从20世纪初发展到今天，营销理论方法和技术手段都发生了巨大的变革，与此同时，会展市场竞争也愈加激烈。因此，从政府主管部门或行业协会到每一个会展企业，中国会展界必须树立新的营销观。具体而言，主要表现在以下三个方面。

（1）在营销主体上　以前业界一提到营销就认为只是办展企业的事情，而事实上会展营销的主体包括政府、会展企业、参展商和参会者甚至还有媒体。令人欣慰的是，这种落后的观念正在迅速发生改变。例如，目前国内政府部门和会展界已经达成共识：会展城市也应作为一个产品来经营和推广。显而易见，一座城市若加强与ICCA（国际大会和会议协会）等会议和展览组织的联系，势必能争取更多大型会展活动的举办权。

（2）在营销对象上　由于营销主体和营销目的不一样，营销对象及工作重点也应随之变化。举一个非常典型的例子，以前大多数国内展览公司都认为营销的重点是参展商，而现在正逐步倾向于专业观众或者说买家，这种观念的更新既反映了中国展览经理人经营水平的提高，也映射出国内展览市场的日益成熟。

（3）在营销手段上　从1894年的德国莱比锡博览会开始，现代会展业已经走过了100多个春秋，所使用的营销手段早已不限于传统的报纸杂志和广播电视，大量的新技术被应用到会展营销活动中来，使得营销竞争更加五彩纷呈。

2. 争取相关组织支持

纵观世界会展业的发展历史，德国、美国、法国、新加坡等会展经济发达国家无一不积极争取国际专业组织的支持，有些国家本身就拥有全球性的行业协会。相关组织一般包括以下四种类型。

（1）政府有关部门　对国内展览公司来说，经常打交道的有对外经贸系统、各级贸易促进委员会、旅游局等。

（2）各类驻外机构　从会展企业可利用的资源角度看，这里的驻外机构主要指驻外使领馆、各种友好组织的国外联络处以及其他政府机构在国外设立的办事处等。

（3）行业协会或学会的海外组织　这里的行业组织主要包括两类：一类是国际性或区域性的专业协会，如国际大会和会议协会（ICCA）、国际博览联盟（UFI）、国际展览管理协会（IAEM）等。其次是某一个行业的协会，如世界旅游组织（WTO）、中国纺织行业协会、中国汽车工业联合会、中国模具协会等，若能得到这些机构的认可，展会主办单位除了享受技术支持和行业资源优势外，还能够迅速增强展览会的可信度。

（4）国际商业公司　对会展企业尤其是会议或展览会的主办单位而言，这里的国际商业公司主要包括实力雄厚的管理咨询公司、公关公司、市场调查公司和营销咨询公司等。因此，国内会展企业还应该熟悉国际惯例和法规，积极采取市场化的运作手段，充分发挥国际商业公司的作用。

3. 理顺行业管理体制

众多会展发达国家的成功实践都已证明，顺畅的行业管理体制是城市会展业健康发展和整体促销的基础条件。

4. 积极开展联合促销

世界上许多国家的会议或展览业之所以能取得巨大成功，并在国际上享有盛誉，在很大程度上得益于整体促销活动的高效、有力。毕竟，开展联合促销既能塑造和推广地区会展业的整体形象，又可有效组织分散的资金、人力和物力，集中力量宣传本地区优良的办展（会）环境以及一批品牌会议或展览会。

——在会议方面，应由政府有关部门牵头，大力推进目的地整体营销。因为广阔的市场前景和良好的外部环境能够吸引更多的国际会议组织者和公司会议策划人，而这需要依靠精心策划的目的地营销活动完成。何况，一些国际性的会议一般较少固定在某个国家或城市召开，这必将使得国家与国家、城市与城市会议业之间的竞争越来越激烈。

——在展览方面，可借鉴法国专业展览会促进委员会（PromoSalons）的成功模式，本着平等自愿、投资多受益大的原则，成立全国范围内的促销联合体，使得面向全球开展联合促销成为可能。因为单个的展览公司，哪怕是实力雄厚的展览集团，都没有足够的实力在世界上几十个国家建立属于自己的办事机构网络，但是从属于不同展览公司的几十个展览会把各自的营销经费集中到一起，就能组成一个有效的国际促销网络。

5. 推进营销技术创新

21世纪是一个创新的时代，任何事物都要接受新观念、新技术的洗礼。营销手段的创新是更新会展营销理念的重要内容之一。从营销主体的角度，可以将营销技术创新分为两类，即会展城市层面和会展企业层面。

——对于会展城市而言，行业主管机构应与旅游、城建、媒体等部门联合，积极建设目的地合作机制，加强各行业之间的协作，切实提高对大型会展活动的综合接待能力。

——对于行业协会或企业而言，应尽快建立先进的客户关系管理（CRM）系统，完善市场统计制度和客户数据库，对参展商或主要贸易观众开展一对一营销；利用互联网与参展商和专业观众进行互动式交流，以便及时改进产品和调整营销计划。

与营销技术创新相辅相成的是积极拓展营销渠道，后者既是直接销售展览会的有效补充，也是新的营销技术得以迅速推广的主要途径。在国内会展企业的整体实力还比较弱的状况下，拓展营销渠道不失为一条发展的捷径。

讨论 国内展会数量不断增多，重复办展的现象也日益严重，通过哪些营销策略能使自己的会展项目得以长足发展？

分析 我国每年举办的展览数量已经接近4000个，全球现有的展会主题在中国市场上都能找到，但重复办展和无序竞争严重。之前在宁波举行的“中国城市会展合作与发展论坛”上，众多专家认为，中国会展业应当错位发展。

【知识链接】

1. 2016世界（北京）机器人博览会（http://www.worldrobotconference.com/）
2. 2016中国国际工业博览会——工业机器人展（http://rs.ciif-expo.com）
3. 2016中国（广州）国际智能装备暨机器人博览会（http://www.ciere.cn）

2016世界机器人博览会　　2016工业机器人展　　2016广州国际智能装备暨机器人博览会

任务1 会展营销基础理论

一、市场营销概述

（一）市场营销的含义

市场营销，又称为市场学、市场行销或行销学；简称“营销”，台湾常称作“行销”；是指个人或集体通过交易其创造的产品或价值，以获得所需之物，实现双赢或多赢的过程。它包括两种含义：一种是动词理解，指企业的具体活动或行为，这时称之为市场营销或市场经营；另一种是名词理解，指研究企业的市场营销活动或行为的学科，称之为市场营销学、营销学或市场学等。

（二）影响市场营销的因素

1．宏观环境因素

指企业运行的外部大环境，它对于企业来说，既不可控制，又不可影响，而它对企业营销的成功与否起着十分重要的作用。宏观环境因素主要包括以下要素。

（1）人文环境　人口因素、人口的地理迁移因素、社会因素。

（2）经济环境　国民生产总值、个人收入、外贸收支情况。

（3）自然环境　自然资源的短缺和保护、环境的恶化、疾病的影响。

（4）技术环境　技术对企业竞争的影响、对消费者的影响。

（5）政治法律环境　政治格局的稳定和国家的政治法律环境都直接影响营销策略。

（6）社会文化环境　教育水平、宗教信仰、传统习惯。

2．微观环境因素

指存在于企业周围并密切影响其营销活动的各种因素和条件，主要包括以下要素。

（1）供应者　资源的保证、成本的控制。

（2）购买者　私人购买者、集团购买者。

（3）中间商　以购买企业产品和服务进行转卖，以取得利润。

（4）竞争者　竞争者及其数量和规模，消费者需求量与竞争供应量的关系。

（5）公众　金融公众、政府公众、市民行动公众、地方公众、企业内部公众、一般群众。

（6）企业内部各部门协作“决策、指挥、开发、执行与反馈、监督保证”参谋机构。

（三）市场营销策略

市场营销策略是企业以顾客需要为出发点，根据经验获得顾客需求量以及购买力的信息、商业界的期望值，有计划地组织各项经营活动，通过相互协调一致的产品策略、价格策略、渠道策略和促销策略，为顾客提供满意的商品和服务而实现企业目标的过程。

1．4Ps营销策略

4Ps营销策略即产品（Product）、价格（Price）、促销（Promotion）、渠道（Place）这四个因素应用到营销过程中，就形成了四方面的营销策略，加上政治（Politics）和公共关系（Public），就是6Ps。

1981年布姆斯和比特纳建议在传统市场营销理论4Ps的基础上增加三个“服务性的P”，即人员（People）、流程（Process）、环境（或是实体环境Physical environment）。根据与市场竞争对手对抗的需要而制订富有竞争力的产品、价格、渠道和促销策略。当时还是大众媒体盛行的时代，依靠大众媒体促进销售，实行无差异化策略是这一阶段的明显特征。

（1）产品策略　主要研究新产品开发、产品生命周期、品牌策略等，是价格策略、促销策略和分销策略的基础。

（2）价格策略　又称定价策略，主要研究产品的定价、调价等市场营销工具。

（3）促销策略　是将组织与产品讯息传播给目标市场的有计划性的营销活动，它主要的焦点在于与消费者沟通。促销的形式则包括了广告宣传、公共关系（PR）、促销（SP）活动、人员销售（PS）、口碑操作等，透过推广，使企业得以让消费者知晓、了解、喜爱进而购买其产品，促销的强度及其计划是否得宜，足以影响或操纵产品的知名度、形象、销售量，乃至于企业的品牌形象。有了促销，消费者才可得知产品提供何种利益、价格多少、可以到什么地方购买及如何购买等，而消费者的反应会进一步协助推动其他营销组合（产品、价格、渠道）作修正调整。

（4）渠道策略　是指为了达到产品分销目的而起用的销售管道。它代表企业（机构）在将自身产品送抵最终消费者之前，所制定的与各类分销商之间的贸易关系、成本分摊和利益分配方式的综合体系。这里的分销商既包含批发商，也包含零售商，甚至包含物流配送商，或是公司业务人员直接对消费者销售，和传销或多层次传销公司的直销人员及其组织架构。企业制定分销政策的目的是：让产品更顺畅地到达顾客手中，既要保证分销成本低廉，又要保证顾客对送货期、送货量、装配服务、疑难咨询等方面的要求。

（5）人员　所有的人都直接或间接地被卷入某种服务的消费过程中，这是“7P”营销组合很重要的一个观点。知识工作者、白领雇员、管理人员以及部分消费者将额外的价值增加到了既有的社会总产品或服务的供给中，这部分价值往往非常显著。

（6）流程　服务通过一定的程序、机制以及活动得以实现的过程（即消费者管理流程），是市场营销战略的一个关键要素。

（7）环境　包括服务供给得以顺利传送的服务环境，有形商品承载和表达服务的能力，当前消费者的无形消费体验，以及向潜在顾客传递消费满足感的能力。

2．4Cs营销策略

4Cs营销策略包括顾客（Customer）、成本（Cost）、沟通（Communication）、便利（Convenience），加上市场机会（Market Chance）、市场变化（Market Change），成为“6C”。不销售制造的产品，而要将满足消费者需求的产品售出；不依竞争者或者自我的盈利策略定价，而是要通过一系列测试手段了解消费者为满足需求愿意付出的成本；不要以自身为出发点，想着网店怎么布置，采用什么样的渠道策略，而要关注消费者购买产品的便利性；不是想着如何通过媒体传播来提升销量，而要和消费者互动沟通。

3. 4R营销理论

4R营销理论是由美国学者唐·舒尔茨在“4C”营销理论的基础上提出的新营销理论。“4R”分别指关联（Relevance）、反应（Reaction）、关系（Relationship）和回报（Reward）。该营销理论认为，随着市场的发展，企业需要从更高层次上以更有效的方式在企业与顾客之间建立起有别于传统的新型的主动性关系。

当然，“4R”营销同任何理论一样，也有其不足和缺陷。如与顾客建立关联、关系，需要实力基础或某些特殊条件，并不是任何企业都可以轻易做到。但不管怎样，“4R”营销提供了很好的思路，是经营者和营销人员应该了解和掌握的。

二、会展营销基础

（一）会展营销的含义

会展营销是营销理论应用于会展业中而脱胎出来的一门新学科，是对会展营销实践的归纳和总结。会展营销是指会展企业为了吸引更多的目标客户，提高会展品牌的价值和影响力，通过会展服务、形象设计、定价、渠道、促销、宣传等手段所采取的一系列市场推广活动。简言之，会展营销就是会展机构通过创造向目标客户提供会展产品或服务的一种社会和管理过程。

会展营销的对象应包括会议、展览会、奖励旅游、节事活动、各种场馆、会展城市等；会展营销的内容包括两方面：一是内部营销，二是外部营销。内部营销是指会展企业从“组织——员工——客户”这一关系传统理念出发，通过有效地培训和激励一线员工使其为顾客提供满意的服务。内部营销是一项管理策略，其核心是提升员工的顾客意识。外部营销是会展企业以市场为导向，以客户为中心所进行的营销环境分析、会议营销、展览营销、会展旅游营销、会展品牌营销等方面的工作。

（二）会展营销主体

关于展览会的含义，可从字面上理解：“展”，即陈列、展示（物品）；“览”，即参观、观看；“会”，即集中在一起实现某种交流。会展营销的主体是展者和观者，即展示者和观众，观众包括专业观众和一般观众。在商业性展览中，会展行业将其称为“展商”和“客商”，后者虽然意思表达并不准确，但约定俗成，已成惯例。“展商”就是在展览会上展示自己商品或服务的制造商或服务提供者。“客商”则主要是指专业观众，他们是现实或潜在的“采购商”。展会的组织者则是会展营销的施动者，在会展营销中起主要作用。

所谓招展就是通过各种方式将那些产品（服务）与拟办展览会主题相符的制造商、供应商、成果拥有者、服务提供者吸引进展览会，让其在展览会上展示和推销自己的产品、服务和技术成果。

所谓招商就是通过各种方式将那些对拟办展览会展示产品有需要和感兴趣的采购商和其他观众吸引进展览会。

（三）会展营销主体对展会的关注点

参展商和专业观众（即展商和客商）前来参展和观展是出于一定的目的。参展商的参展目的主要包括以下几个方面：向市场推介现有的商品或服务，向市场推介企业新的产品或服务；了解本行业产品和技术的发展；提高企业在市场上的认知度；了解当前市场需求的最新发展和趋势；掌握竞争对手的发展状况等。专业观众观展的目的则比较简单，主要是寻找合适的货源；了解供应市场竞争态势的变化；供应产品的技术变化等。

归纳起来，潜在的参展商和专业观众决定参与展会前一般需要弄清以下一些问题。

1．关于展览会本身的问题

展览的主题和专业设置、主办、承办、协办、支持单位及其背景、展会的历史和业绩。

2．关于参展投入方面的问题

参展需要投入，因此参展的费用水平以及其他支出水平自然是参展商高度关心的问题。因为，会展市场存在竞争，展商还需要“货比三家”，即对各个展览进行性价比分析，他们不仅希望参与的展会物有所值，而且希望花最少的费用，获得最大的效果。

3．将有哪些企业前来参展和参观

一家潜在的参展商对拟参与展会的两种参展商而言，行业内龙头企业有很强的号召力，他们的参加能提高展会的品位和层次。同时能在展会过程中从这些企业的产品中了解行业技术的最新发展。而哪些竞争对手将参展，主要是考虑应该采取什么竞争对策。

4．其他参展细节问题

展会提供的服务、付款方式与期限、展会组织对参展商的推广提供什么样的协助、广告范围等。

（四）会展营销产品

会展营销产品是指会展企业向会展参加者提供的用以满足其需求的会展活动及全部服务，具有综合性、无形性、不可分割性、不可储存性、异质性等特点。会展产品是一个整体概念，它是由多种元素组合而成的综合体，主要内涵应包括会展服务、会展活动、会展设施、会展延伸或派生的服务等元素。

从产品的整体概念来分析，会展产品应包括三个层次，即核心会展产品、形式会展产品和延伸会展产品。

1．核心会展产品

核心会展产品是会展组织或经营者通过会展活动提供给会展参加者的基本效用或利益，而效用或利益的实现是通过服务来达到的，从产品的角度我们将服务定位为会展产品整体概念中最主要、最核心的部分。

会展参加者参加会展活动，并不是为了感受会展活动的氛围，而是为了获得会展活动所提供的基本效用和利益。从展览参展商角度看，核心会展产品是指展示产品、贸易成交、开发客户或树立企业形象等；从会议参加者角度看；核心会展产品是指发布信息、交流研讨和解决问题；从环节上看，核心会展产品包括与会展相关的展前、展中和展后服务，它们的集合构成会展产品的核心。

2．形式会展产品

形式会展产品是一种概念性的东西，效用或利益要通过一定的形式或载体才能得以实现。形式会展产品就是会展活动，是核心产品借以实现的形式或载体，它是会展产品的第二个层次。由于核心会展产品是以会展活动为依托，因此会展产品的主题不是服务，而应是会展活动。会展活动作为形式会展产品，主要通过会展名称、会展品牌、会展主题、会展设施以及会展从业人员的衣着修饰、形态礼仪、语言表达、服务态度和精神风貌等表现出来。

3．延伸会展产品

延伸会展产品有两层含义：一是指会展企业为培育顾客忠诚度，提高核心竞争力，向会展参加者所提供的与会展活动直接相关的附加产品，包括会展产品知识介绍、咨询和培训，会展产品的宣传、报道，售前售后的服务保证，提供行业相关资料等。二是为满足会展参加者派生需求形成的产品，如会展旅游、会展商业等产品。适当设计延伸会展产品，使会展参加者在参加会展活动后能够获得额外的、附加的利益，不仅有利于会展产品的促销，而且可以突出产品的特色，有助于提升会展企业的竞争优势。

三、会展营销策划程序

会展活动由于参与主体较复杂，在开展营销活动时企业要不断协调自身系统以适应需求变化的动态，企业内部的各职能部门也要统一协调，做好各方面工作。一般来说，在策划会展市场营销时主要做好以下程序。

（一）会展营销调研

销售任何产品，都要在了解自身产品的同时，进行详细的市场调研，这是进行市场营销的第一步。会展营销也同样如此，会展企业在进行营销时要根据会展项目市场调查的要求掌握相关信息。

（二）目标市场定位

会展营销过程中，目标市场的定位有两层含义：一是选择会展的目标市场；二是给所选的目标市场正确定位。会展市场定位从总体上讲，是一个国家或地区的会展业或会展企业或会展产品和服务在目标顾客心目中的位置。

（三）制订营销计划

会展营销活动需要有计划、按步骤实施，如果缺少计划，营销活动就难以实现。营销计划是形成文字的，反映营销目标、营销战略和行动方案的营销计划书，用来指导企业在某一特定时间内（通常为一年）的营销活动。

（四）实施营销计划

会展营销计划工作制订完成后，会展行业或组织要根据自身的实际与营销计划的要求，设计出合理的营销组织机构，并明确各相关部门和人员的职责、任务。

（五）营销效果评估

会展营销效果评估分事前测试和事后评估两部分。事前测试主要有征求或随机采访与会者、参展商对各种营销活动的意见，小范围的营销效果对比试验等；事后评估是衡量是否完成营销目标的重要环节。

【知识链接】

COART艺术现场是由COART艺术机构发起的一项群众参与性栏目。它以多门类艺术的跨界组合，以音乐、舞蹈、戏剧、视觉和设计融合性的创作方式，超越了形式界限，混搭出一个生活与艺术亲密融合的体验空间。无论从理念手法，呈现品质还是观众体验都做得很好，得到了更大范围人群的赞誉，成为中国当代新锐艺术家和文艺青年们最向往参与的节目。

微信扫码直接进入网站

微信扫码观看王菲《Lets COART》MV

任务2 会议产品营销渠道与定价策略

一、会议产品销售渠道

会议产品销售渠道，是指向预期客户推销会议产品的途径。

（一）直接销售

直接销售就是通过邮寄名单、电话、人员或各种媒体直接与目标市场中的潜在消费者进行沟通。

（二）行业协会

行业协会即某次会议活动中具体涉及的某个专业性行业协会。如中国电梯协会、中国汽车工业协会、中国包装协会、中国机床工具工业协会等，它们通常是作为会议的主办方与会议公司或会议主承办方开展合作，是会议营销中的一个重要合作伙伴，也是一个可充分依托的营销渠道，通过它们的组织体系和关系网络来拓展会议销售，针对性很强，效果很明显。

（三）会议行业协会

会议行业协会是会议行业的专业社团组织，可以帮助会议业的成员推介和宣传会议产品，提供相关统计信息、教育和培训服务。

中国已加入亚洲会议和观光协会（AACVB），目前，国内还没有全国性的会议行业协会，但地方上已经出现了一些会展协会组织，如上海会展行业协会、湖北省会展业商会等。

（四）会议目的地营销组织

各国会展行业的情况不同，但一般目的地营销组织（Destination Marketing Organization，简称DMO），如会议和观光局、会议办事处和国家旅游组织等，都是会议营销中的一支很重要的力量，最主要的是它能够把特定的会议活动融入到整体目的地中进行宣传，这一点在国际性会议的营销中显得尤为重要。

（五）代理和中介机构

代理和中介机构既是各种会议产品的提供者，又是购买者，代表他们的客户行使购买职能。他们又起着中间人的作用，通过协议来帮助策划和运作会议活动。如PCO（国际专业会议组织者协会）和DMC等组织，均可利用自己的关系网促进销售。

二、会议产品定价策略

会议产品就是会议主承办方举行的一次会议活动。会议产品定价策略就是根据会议产品的目标而确定其价格的方法。价格是会议目标客户决定是否与会的关键因素之一，也是会议营销是否成功的重要竞争砝码。

（一）会议产品定价目标

定价目标，是指会议主承办方通过对会议产品价格的制订或调整，所要达到的预期目的。它必须服务于会议主办者营销总目标、社会导向目标。

1. 利润导向目标

利润导向日标就是以利润作为定价指向。其具体目标主要有以下三种。

（1）最大利润目标　是指会议主承办方希望获取最大限度的销售利润或投资收益。追求最高利润一般作为会议主承办方追求的长期目标，如会议主承办方往往有意识地降低容易引起人们注意的会议产品的价格，借以带动其他会议产品的销售，甚至可以带动高利润会议产品的销售。最大利润目标并不等于最高价格，也并非必然导致高价。产品价格过高，迟早会引起各方面的对抗行为，可见高价并非最明智的选择。

（2）投资回报目标　投资回报目标就是会议主承办方预先确定的会议收益水平，一般用投资收益率或投资回报率来表示。定价是在成本的基础上，加入了预期收益。采用这种定价目标的会议主承办方，应具备两个条件：第一，该会议主办者具有较强的实力，在行业中处于领先地位；第二，采用这种定价目标的多为新产品、独家产品以及低单价、高品质的标准化产品。

（3）适当利润目标　即会议主承办方为保全自己，减少风险，或由于自身力量不足，将适当利润作为定价目标。如按成本加成法确定价格，就可以使会议主承办方投资得到适当的收益。而“适当”的水平，一般随市场可接受程度等因素有所变化。

2. 数量导向目标

就是以市场占有率最大化为定价指向。提高会议产品市场占有率比短期高盈利意义更为深远，通常许多会议主承办方以此作为定价目标。其具体目标主要有以下两种。

（1）以销售最大化为定价目标　具体包括：增加会议产品的销量，从而争取最大的销售收入；保持或扩大市场占有率来保证会议主承办方的生存和发展。

（2）以与会者数量最大化为定价目标　大多数会议主承办方对竞争者价格很敏感，定价之前往往会多方搜集信息，把自己产品的质量、特点同竞争者的产品进行比较，然后做出抉择。一般以低价竞争者的价格或与竞争者相同的价格出售会议产品，抢占市场制高点，争取与会者数量的最大化。

3. 社会导向目标

社会导向目标是指为社会提供公益服务的会展企业的一种定价指向。由于该会议主承办方一般不以营利为目的，这类会议往往称之为非营利性会议。会议主承办方主要是政府机构、宗教组织和其他非营利组织。

（二）会议产品定价考虑要素

1．成本费用因素

成本是会议产品定价的基础。定价必须首先使总成本得到补偿。对会议产品定价产生影响的最主要的因素是成本费用。会议成本主要包括固定成本和变动成本。

固定成本是指不随会议产品销量变化而变动的费用。主要包括：场地设施费、讲演者酬金、差旅费支出、市场费（包括宣传手册、邮寄广告、新闻稿、广告、记者招待会费用）、行政费、试听费、临时设备租赁费（如家具、设备与灯光）、展览费、服务费、路标和鲜花等用来制造气氛的项目费用、运输费、保险费、审计费、贷款利息或透支费用等。而变动成本则是根据与会者人数的多少而变化的费用，如餐饮费用、交通费用、旅游费用、住宿费用、娱乐费用、会议装备费用（如文件夹、徽章）和文件费用（如材料邮寄、注册）、礼品费用等。

2．目标客户因素

目标客户即与会者，不同的与会者对价格的敏感程度不一样，也就是需求价格弹性不同。如公司类会议，与会者的平均消费水平相对较高，由于是代表公司出席会议，会议等相关费用可由单位报销，因此这类与会者往往对价格不敏感，需求弹性相对较小；而协会类会议的与会者一般是自愿参会者，会议费用常常自己承担，因此，协会类会议组织者要想增加与会人数，必须尽量降低参加会议的成本，以减小这类客户对价格的敏感度。

3．市场竞争因素

市场竞争也是影响会议产品价格制订的重要因素。现实的和潜在的竞争对手的多少及竞争的强度对会议产品定价的影响很大。竞争越激烈对价格的影响就越大，特别是入市门槛较低的会议产品，更是如此。因此会议主承办者往往把定价策略作为竞争者相抗衡的一个特别重要的因素来考虑。一般来说，若会议产品在竞争中处于优势，可适当采取高价策略；反之，则应采取低价策略。同时，会议主承办者还要用动态的观点随时关注竞争对手的价格变化，及时做出反应。

4．其他因素

影响会议产品定价的因素除了受成本费用、目标客户和市场竞争的影响外，还受到其他多种因素的影响。这些因素包括政府或行业组织的干预、与会者消费习惯和心理、会议品牌的影响力等。

（三）会议产品定价技巧

根据上述影响会议产品定价的因素，会议产品的定价方法主要有成本导向定价法、需求导向定价法和竞争导向定价法，与展览产品的定价方法相类似。

1．会务费与定价技巧

会务费是会议主承办者根据会议成本等相关因素为与会者参会制订的一项费用额度。

（1）会务费打包定价　一般它是与会者为参加会议所支付的各种项目的打包价格。收费项目主要包括交通、住宿、餐饮、参加大会费用、参加分会或专门论坛费用、论文集、会刊、礼品费、会议管理费等。会务费中按食宿安排情况分两类：一类是参会人员食宿自理；另一类是食宿由会议统一安排，会务费中包含招待会、茶点、午餐等。按是否有单项收费也分两类：一类是与会人员交纳了会务费就可以参加所有的大会、分会以及论坛；另一类是一些项目会单独分开收费，如参会费、单项专题论坛费。

（2）差别定价　就是指会议产品定价因人而异。如VIP贵宾票接待规格高，享受的服务多，价格较高；而普通参会票由于接待标准相对较低，享受的服务较少，价格较低。

（3）优惠定价　就是指会议产品的定价按不同的标准给予不同的优惠价格。具体包括：时间优惠、特殊人群优惠、全体优惠和参展优惠。

2．赞助费和冠名费与定价技巧

一般商务性会议都有赞助单位和冠名单位。赞助或冠名的主体可以是政府、行业协会，但主要的还是企业。政府和行业协会的赞助大多是为了扶持会议产业的发展，而企业的赞助则是为了提高自身的知名度或显示自身在行业中的实力。

对于赞助商或冠名商来说，赞助费或冠名费可以看作是他们所购买的“会议产品”的价格。因此，会议组织方应根据会议的档次及规模、与会者的层次、会议的新闻效应等诉求点，制订出合理的赞助或冠名“价格”，为赞助商或冠名商提供具有足够吸引力的回报方案。赞助费和冠名费可以是物的形式，也可以是货币的形式，或两者兼而有之。如茅台酒是某会议的指定用酒，即贵州茅台集团就是以物的形式赞助某会议的。

3．广告费与定价技巧

会议广告费是会议主承办者出租广告的收入。一般大会展示广告位、会场驻地门口充气拱形门、会刊、门票、宣传单、文稿等都可以刊登广告，按会议的广告受众、会议规格、影响力和知名度收取一定的费用。另外还可以出售邀请参会代表和嘉宾的晚宴赞助权。

4．会议衍生产品收费与定价技巧

会议衍生产品包括各种大会出版物、纪念品、吉祥物等，还可以对整个会议过程进行录像、录音和采用文本格式翻译成各种语言，并存放到一张光盘上，销售给不能参加会议的人员，既可以扩大会议的受众，又能给组织者带来一笔收入。特别是一些含金量高的培训会议，专家专题讲座的光盘、讲义很受市场追捧，若产品市场定位准确、定价合理，将是会议的一项重要收入。

【知识链接】

成立于2010年，总部位于北京的极客公园是创新者的大本营。极客公园聚焦互联网领域，跟踪最新的科技动态，关注极具创新精神的科技产品。极客公园通过线上社区和线下活动，发现、启迪、点亮创新者，链接更多资源与可能性，帮助他们更有效率地探索。

极客公园会展案例视频

任务3 展览产品销售渠道与定价策略

一、展览产品销售渠道

展览销售渠道是指将展览产品从办展机构转移到参展商手中的渠道。在这个转移过程中，并非仅仅与办展机构有关系，还涉及政府、参展商、代理商、行业协会、专业观众，甚至包括许多媒体。

按展览产品从办展机构转移到客户手中是否经过中间商环节，展览销售渠道可分为直接渠道和间接渠道两种。

（一）直接渠道

直接渠道又称直接营销，它是一种不通过中间商环节，办展机构与目标客户之间能互动交流的营销方式。其主要特点为：办展机构与客户的交流是互动的，没有中间环节的，营销对象是明确的，营销效果是具体可测的等。主要方式有：直邮营销、电话营销、展会现场推广、直接上门拜访、网络营销等。

（二）间接渠道

展览销售的间接渠道，是指通过中间商向目标客户销售展览产品的通道。采用间接渠道是办展机构借用外部力量做大、做活、做强展会的一种重要手段，是展览销售渠道不可或缺的重要组成部分。

最主要的形式是展览代理制，是指办展机构指定销售代理商协助推介展览产品的方式，展览代理制是展览间接销售渠道有效手段，可增加办展机构的业务网络，扩大业务辐射范围，扩大办展规模，强化展会的影响力。根据展览项目的需要，展览代理制形式主要有：独家代理、一般代理、承包代理。

二、展区和展位划分

展区和展位划分是展会招展策划与展位营销的一项重要而基础的准备工作。展览会一般都要按展品类别划分展区，一个专业题材展区可能包括一个或几个展馆，也可能是一个展馆的某一部分。在每个展区里，还要根据场馆的场地特征划分展位，决定哪些地方将搭建特装展位，哪些地方将搭建标准展位，两种展位各自需要多大的面积。

（一）展区和展位划分的原则

（1）按专业题材划分展区。

（2）要有利于提高展会的档次。

（3）要有利于观众的参观。

（4）要有利于提高参展的展出效果。

（5）要有利于展会现场管理和现场服务。

（二）展位样式

1．标准展台类型

室内一般标准国际摊位为：3米×3米，提供的标准配置一般包括：一桌、两椅、两射灯（或日光灯），一个220伏5安的插座，一个纸篓，三面围板。

（1）“道边型”展台　也称“单开口”展台，它夹在一排展位的中间，观众只能从其面前的过道进入展台内，这种类型的展位租金最低，中小企业在选择这类展台时要注意它的位置，优先挑选位于洗手间、小卖部、快餐厅、咖啡屋附近的展台，这些地方是展会人流最密集的区域，易于参展商捕捉商机。

（2）“墙角型”展台　也称“双开口”展台，它位于一排展台的顶端，两面邻过道，观众可以从它前面的通道和垂直于它的过道进入展台。“墙角型”展台与“道边型”展台相比，面积相同，但多出一条观众进入展台的侧面过道，因而观众流量较大，展示效果相对较好，当然租金也要比“道边型”展台高出10%~15%。

2．空地特装展位类型

室内或室外空地一般为36平方米起租，不提供任何配置，如有需要可向主场搭建商提前预订或现场租赁。一般企业自行进行特装修时选用。

（1）“半岛型”展台　观众可从三个侧面进入这种类型展台，其展示效果要比前两种好一些，企业在选择这种展台时，应该配合做好特装修才能达到满意的效果。

（2）“岛型”展台　它在四种类型的展台中租金最高，它与前三种类型的展台不同，观众可以从任意一个侧面进入展台内，因而更能吸引观众的注意力。这类展台展示效果好，因而设计起来要更为精心，搭建费用相对较高，它是大型企业参加展会的首选。

三、展览产品定价策略

建立合理的招展价格体系是招展策划的一项重要工作，对参展商的参展决策具有重要影响。如何制订合理的招展价格，运用招展价格体系形成多种促销手段，是展览营销研究的重要课题，也是展览营销的制胜武器。在我国展览营销的组织工作中，招展价格体系主要由招展价格、价格策略和促销战术三个部分组成。

在展览的展位销售过程中，科学地为展览的展位制订适当的价格，不仅可以提高展览营销的市场竞争力，还可以减少参展商的成本，使展览与参展商实现合作共赢，对展览长远发展十分有利。招展价格过高，将会影响到参展商的参展积极性；招展价格过低，会影响展览的收入，挫伤展览组织者办展热情。因此，合理的招展价格体系，是实现展览营销和展览效益同步增长的重要助推器，是展览整体策划的重要内容。

（一）招展价格制订

制订合理的招展价格需要充分考虑参展商构成、展览组织成本和同类竞争展览等因素，通过掌握大量信息，并进行科学的分析，采用合理的定价策略来制订可行的展位价格。招展价格须以展览“盈亏平衡价格”标准为根本，在确保展览不亏损的情况下围绕两个目标——最大限度地扩大赢利目标和摊销展览组织成本，来制订招展价格。以下是基本分析方法。

1．结合展览发展阶段定价

展览如同产品，具有与产品相同的特质及四个不同的发展阶段：培育期、成长期、成熟期和衰退期，在不同阶段中参展商的构成也不相同。

（1）培育期　展览尚处在市场竞争的劣势，知名度不高，行业内对展览认知有限，参展商构成以小型企业为主，展览以保本或微利方式运行，因此，招展价格定位不宜太高。

（2）成长期　展览在行业内形成一定的知名度，具有一定的市场竞争力，参展商构成发生变化，中小型企业参展热情提高，展览规模迅速扩大，招展价格可相应提高。

（3）成熟期　展览在市场上的地位基本稳定，参展商构成多元化且数量也基本固定，展览规模基本定格，展览的招展价格与其他竞争展览的价格也基本固定，不宜变动。

（4）衰退期　展览竞争力开始减弱，大中型参展商开始逐渐减少，展览规模萎缩，根据这一阶段的参展商构成，展览的招展价格应该较低，以调动参展商的参展积极性。

综上所述，展览在各个不同时期的参展商构成是不同的，展览组织机构应在制订展位销售价格时充分考虑以上不同展览所处不同时期而对展览招展价格所产生的影响。

2. 根据展览题材行业发展状况来定价

展览题材所在行业的状况主要是指该行业平均利润率的大小和该行业的市场发展状况。行业平均利润率的大小决定了该行业所属企业可能的盈利水平和支付能力。如行业平均利润率较小，那么，该行业的企业的盈利水平和支付能力可能也不高，这时，如果展览的招展价格定得过高，参展企业将无法承受而放弃参展。反之，展览的招展价格就可以相应地定得高一些。行业的市场发展状况也是制订展览招展价格时需要考虑的另一个重要因素，例如，行业处于买方市场，企业参展的积极性就较高，展览的招展价格可以定得高一些。如果行业处于卖方市场，企业参展的积极性就较低，展览的招展价格就应该定得低一些。

3. 分析经营成本确定价格目标

展览一般有五种定价目标，即利润目标、市场份额目标、价值目标、质量领先目标和生存目标。这些目标其本质都是基于展览的经营成本而言。不同价格目标、展览的招展价格也不尽相同。例如：展览价值目标是以展览生存为主，那么，展览的“盈亏平衡价格”就是其最后的定价下限；如果展览的价值目标是尽可能地扩大市场份额，那么，展览的招展价格就可以暂时低于展览的“盈亏平衡价格”，尽管这时展览将出现亏损。而质量领先目标则可考虑以提高服务水平，以高质高价的方法来确定展览的定价。

4. 充分考虑竞争需要的定价策略

在制订招展价格时，要充分考虑那些与本展览有竞争关系的同类展览的价格状况，要充分评估本展览在市场上处于什么样的地位，是处于市场领先地位还是处于跟随地位。如果是前者，就可以将价格稍微定得高一些；如果是后者，就需将价格定得低一些。国际展览组织机构在开发新的展览项目时往往会仔细分析整个展览市场及展览所代表的行业发展趋势，并通过收集竞争对手的各种资料与信息，周密地进行SWOT分析，通过顾问与决策团队制订招展价格的反复酝酿，才会最终确定具有很强竞争力的定价标准。

5. 考虑展览的价格弹性来定价

所谓价格弹性，是指当展位价格每变动1%时，展位销售量变动的大小，它是用来表示招展价格的变动对展位销售量的影响大小的参数。如果展览的价格弹性较大，展览招展价格的降低就会引起展览展位销售量的大增；如果展览的价格弹性较小，展览招展价格的降低对展览展位的销售就不会产生什么影响；如果展览的价格弹性为负数，那么，展览的价格的降低不仅不会促进展览展位的销售，反而会使展览展位销售量大幅下降。因此，展览招展价格的高低，不是随意确定的，展览组织者还必须考虑展览价格弹性对招展价格的影响和作用。

上述各因素往往互相牵制，彼此影响。因此，在制订招展价格时，展览组织者需要全面考虑。如果只考虑某一方面而忽视其他因素，展览的招展工作就会因此而受到影响。

（二）展览定价的方法

展览组织者一旦确定了切实可行的定价目标后，基本可采用以下三种（国内外展览组织机构通常使用）具体的定价方法。

1．成本导向定价法

以展览组织成本作为展览定价的基础。展览组织成本包括固定成本和变动成本两个部分，而单位展位（或单位面积）的成本需要根据项目财务分析所预测的展位销售量来推算。成本导向定价法有以下三种。

（1）成本加成定价　在单位展位成本的基础上附加一定的加成率作为展览组织者的一种定价方法。有两种计算方式：一种是在成本上附加一个对成本而言的百分数作为单位展位的出售价格；另一种是在展位售价中包含一定的加成率作为展览组织者的收益。

（2）边际成本定价　边际成本是指展览增加一个展位时所增加的成本，边际成本定价法是在展览增加展位所引起的追加成本的基础上来制订展览价格。

（3）目标利润定价　在制订展览价格时，使展位的售价能保证展览组织者达到预期的目标利润率。定价依据展览组织的总成本来定价，而成本加成定价法则依据单位展位的成本定价。

2．需求导向定价法

主要是从参展商的角度出发，着重考虑参展商对展览价格的期望和接受程度，并根据参展商对展览的反应和接受能力来制订展览价格。需求导向定价法有以下三种。

（1）市场价值定价　以参展商对展览的认可程度和认可价值，而不是以展览组织成本为定价基础的一种定价方法。展览组织者首先通过市场调查来研究该展览在参展商心目中所形成的价值，然后制订价格。

（2）需求差别定价　根据市场需求强度的不同而定出不同的价格，所定的价格的差别与展览展位成本之间没有直接的关系。按需求差别来定价有多种形式：其一，以顾客为基础的差别定价，如对大的参展商，由于所需展位面积大，其单位价格就可以比小的参展商的低一些；其二，以展位区域为基础的差别定价，如“优地优价”；其三，以时间为基础的差别定价，如展位订得越早价格就越优惠就是一种典型的办法。

（3）需求心理定价　根据目标客户的消费心理特点来确定展览价格的一种方法。在长期的消费实践中，由于价格与质量，价格与支付能力之间存在着密切的关系，目标客户形成了多种与价格有关的消费心理，这些消费心理可以成为定价的基础。例如：根据目标客户的“按质论价”心理，展览组织者可以根据自己的良好声誉提高展览的价格。

3．竞争导向定价法

根据竞争的需要，以与展览有竞争关系的同类展览的价格作为展览定价基础的一种定价办法。采取这种办法给展览定价时，展览组织者必须考虑自己在竞争中所处的地位，以确保该价格是在加强而不是在削弱自己在市场竞争中的地位。竞争导向定价法有以下三种。

（1）市场定价　展览组织者依照本题材展览或者是本地区展览的一般价格水准来制订本展览价格的一种方法。采用随行就市定价法，展览组织者需在控制办展成本上加大力度，只有努力控制成本，才能在流行的价格水平上获取更多的利润。流行价格水平只是展览定价的参照系数，展览的价格水平需根据展览品牌与办展的质量而定。

（2）渗透定价　以打进新市场或者是扩大市场占有率、加强市场地位为目标的一种定价方法，这种定价方法，是完全根据市场竞争形势的需要，不考虑办展的成本利润等问题。

（3）投标定价　展览组织者根据竞争者可能的报价为基础，兼顾自身应有的利润所采用的一种定价办法。投标定价法在有些展览的主办权需要通过投标的方式来取得的时候被广泛采用。

（三）招展价格的折扣

在展览的现实操作过程中，给予参展商一定的价格折扣，是非常常见的一种促销策略。常见的价格折扣有以下几种。

1．统一折扣

所有的参展商都适用于统一的折扣标准。这种折扣标准通常是按参展商参展面积的大小来制订的。参展面积越大，所得到的折扣也越大；当参展面积达到一定的规模时，折扣不再增加，即有一个折扣上限。

2．差别折扣

针对不同的标准执行不同的价格折扣。例如，按参展商的地区来源不同，分别给予不同的折扣，或者对标准展位和空地展位执行不同的折扣标准等。这种折扣办法一般不会引起招展价格的混乱。

3．特别折扣

通常是给予那些参展规模巨大、在行业内有较大影响力和知名度的企业的特别价格优惠。行业知名企业参展对于提高展览的档次和影响力，与促进其他企业参展选择有重要影响，他们参展的面积一般比较大。为了吸引这些企业发展，展览组织者一般会给予他们特别的价格优惠，也就是针对他们专门制订一个特别折扣标准。特别折扣只适用于少数行业的知名企业，对于一般企业不适用。

4．位置折扣

针对展馆内场地位置的优劣而制订的折扣标准。同一个展区内不同的展馆其位置有好有坏，同一个展馆内不同的展位其位置好坏也有差别。为了避免相对较差的位置无人问津，对这些较差的位置可以给予较多的价格优惠。

在展位营销过程中，价格折扣如果执行得好，对展览招展会有较大的促进作用，对展览的发展会带来良性循环。但是，如果执行得不好，价格折扣往往会引起展览价格体系的混乱，对展览招展产生十分不利的负面影响。

（四）执行招展价格时应注意的问题

展览组织机构应尽量避免在招展过程中出现价格混乱的现象。不管何种原因所引发的展览招展价格混乱现象，无论对当届展览还是对展览品牌的长远发展，都会产生不利于展览战略目标实现的消极影响。引起招展价格混乱的原因很多，有价格折扣制订不科学的原因，也有展位促销策略方面的因素，甚至因展览招展代理而引起的案例也屡见不鲜。因此，展览组织机构需在招展中采取有效措施保证招展价格的严格执行。

（1）严格执行价格及价格折扣标准。

（2）加强对招展代理的价格管理。

（3）避免在招展末期低价倾销展位。

（4）严格控制折扣价格的适用范围。

【知识链接】

2014广州国际旅游展览会（http://www.gitf.com.cn）

微信扫码直接进入网站　　微信扫码观看现场报道（上）　　现场报道（下）

任务4 会展产品营销组合策略

会展产品营销组合是指会展产品的各种促销方式有机结合起来，综合运用，达到会展营销目的的技巧。

会展产品营销组合的方式很多，一般都是几种方式组合使用，若单纯只使用一种促销方式，其效果就会大打折扣。

一、广告营销组合策略

广告营销组合策略就是组织方借助于各类媒体传播展会的相关信息，以达到推销目的的一种策略。

（一）广告促销的类型

在展会的不同阶段，展会的广告促销的目的和重点是不同的。按目的的不同，展会广告促销可分为以下五种类型。

1．显露型广告促销

显露型广告促销以迅速扩大展会知名度为主要的目的，广告促销的重点就是推介展会的名称、办展时间和地点等基本信息，简单明了，便于记忆。至于展会的详细内容则不做过多的推介，这种广告促销多在展会创办初期实施，或展会已有了一定知名度后作出对客户的定期提醒。

2．认知型广告促销

认知型广告促销的主要目的是使目标受众更加全面深入了解展会，增加目标客户对展会的认知度，广告促销的重点是展会的特点、优势等较详细的内容。这种广告促销多在目标受众对本展会有了初步了解之后，办展机构再作进一步招展时广泛使用。

3．竞争型广告促销

竞争型广告促销的主要目的是与竞争对手展开竞争或进行战略防御时采取的一种针对性非常强的广告推广活动。这种广告促销多在展会收到同类题材展会的威胁或本展会欲与之竞争时广泛使用。

4．推广型广告促销

推广型广告促销的主要目的是短期内推动展会展位的销售或招揽更多的观众到会参观，广告促销的重点是参展商或观众所关心的主要问题。这种广告促销多在展会招展或招商时广泛使用。

5．形象型广告促销

形象型广告促销的主要目的是扩大展会的社会影响，提升展会的形象，不单纯追求短期销量的增长。形象型广告促销的重点是追求目标受众对本展会定位及形象的认同，积极与他们进行信息和情感的沟通，增加他们对展会的认可和信任，这种广告促销几乎可在展会筹备的各个阶段使用。

（二）广告促销流程

广告促销流程是指为了使展会广而告之，办展机构确定的展会广告推广步骤。其流程主要有以下几个方面。

1．确定广告促销目标

广告促销目标是指办展机构在特定时期内，针对展会目标视听群体所规定的信息传播任务。

2．编制广告预算

广告预算是办展机构进行广告宣传活动所需的费用计划。通过广告宣传可以使市场份额增加，但同时也增加了费用。办展机构必须认真权衡广告费用与市场回报的得失，把握好收费与所得的正确比值，从而确定促销的规模和程度。

3．广告促销主题

广告促销主题即展会广告促销的诉求点和策略重点。根据展会广告促销策略和广告媒体策略，明确以怎样的方法，突出广告宣传重点，已达到广告宣传计划所企求的目标。

4．广告促销对象

广告促销对象即展会广告宣传的对象和诉求对象。在广告促销中通常要根据展会市场分析及展会定位策略和心理策略，说明广告宣传对象即目标客户的总数、地区分布等情况，以及它们的需求特征、消费习惯，从而找准传播对象。

5. 广告促销区域

广告促销区域即展会广告信息传播的区域，通常要根据展会市场分析和展会定位的结果，决定展会服务目标市场及广告促销区域，并说明选择其目标市场的理由，为广告定位策略和媒体策略的决策提供依据。

6. 选择广告媒体

选择广告媒体即确定展会广告宣传载体。在选择广告媒体时，办展机构要明确规定媒体如报纸、杂志、广播、电视、网络等的选择运用，媒体的组合方式，广告的发布次数和日期、占用的面积、版面、时间期限等，以及媒体策略决策的理由。

7. 评估广告促销效果

评估广告促销效果即对展会广告宣传活动中所要达到的目标和完成的任务的预先估计。效果评估主要包括广告传播效果评估和广告宣传效果评估两项内容。

（三）广告促销媒体的选择

广告媒体是指登载和传播广告信息的媒介和载体。可供展会广告促销选择的媒体主要有视听广告、平面广告、网络广告、户外广告和邮寄广告等。

（1）视听广告　即通过电视、广播、电影和幻灯片等媒体传播的广告。

（2）平面广告　即通过报纸、杂志、印刷品等媒体传播的广告，又称印刷广告。

（3）网络广告　即利用因特网传播的广告。是继报纸、杂志、广播、电视媒体之后的第五大广告媒体。

（4）户外广告　即在街头、建筑物、车站、码头、体育场、展览馆、旅游点等公共场所，按规定允许设置或张贴的路牌、霓虹灯、招贴等广告形式。

（5）邮寄广告　即通过邮政直接投递企业服务目录、产品说明书、宣传小册子、明信片、挂历广告、通知函、征订单等函件的广告。

除了以上五种媒体广告形式外，还有交通广告、工商企业名录广告、焦点广告、馈赠广告、赞助广告、体育广告、包装广告、购物广告、手提包广告等。

二、公共关系促销策略

（一）公共关系概念及构成要素

展会公共关系主要是由办展机构（或展览公司）、社会公众和传播路径三大要素构成。

作为办展机构整合营销传播的一种方式，在办展机构共用关系结构中，办展机构、社会公众和传播路径三要素共存于同一个社会环境中，办展机构是公共关系的主体，社会公众是公共关系的客体，传播路径则是沟通公共关系主客体之间的桥梁。

（二）公共关系的实施步骤

公共关系活动是有规可循的，办展机构必须掌握展会公共关系的运行流程和实施步骤。从展会公共关系的实践看，一般包括调查研究、确定目标、制订并实施企划、效果评估等步骤。

1. 调查研究

调查研究是展会开展公共关系活动的基础，也是公关活动的起点。办展机构开展调查研究的目的在于了解社会公众的意见，及时把握舆论导向，并将这些意见反映给办展机构领导层，使展会决策科学化。调查研究有利于准确地进行展会形象定位，塑造良好的展会形象。

2. 确定目标

在调查研究的基础上，办展机构应根据展会营销目标及公众对展会的了解和意见来确定具体的公共关系目标。展会公共关系的目标一般包括提升展会知名度、可信度，减少公众对展会的误解，消除不当事件的负面影响等。

3. 制订并实施企划

办展机构公共关系活动能否获得预期的效果，不仅要看公共关系企划制订的是否可行，更重要的是要看其实施的情况如何。对办展机构而言，开展公共关系活动存在着许多不确定的因素，所以在实施公关企划时需要公共关系人员在完成既定目标的前提下，具有一定的灵活性。

4. 效果评估

效果评估是办展机构组织公共关系的最后一个阶段。效果评估的目的在于为今后的公关工作提供资料和经验。由于公共关系活动的核心在于树立展会的形象，而且往往和其他促销工具一起使用。因此，对公共关系活动的评价很难进行。

（三）公共关系的实施策略

在展会公关活动中，公共关系的实施策略主要有以下几种。

1. 利用新闻媒体进行宣传

利用新闻媒体宣传展会成本低，而且宣传效果好，是办展机构比较喜欢采用的一种公关策略。办展机构可以向新闻媒体投稿宣传展会及其产品信息，或召开记者招待会、新闻发布会，或邀请记者撰写新闻通信、人物专访、特稿等。新闻媒体具有权威性，对社会公众有很大的影响力，新闻本身具有客观性和真实性的特点，使观众在心理上易于接受。显而易见，利用新闻媒体进行宣传比广告更具有说服力。

2. 发布公共关系广告

公共关系广告与纯商业性广告不同，公共关系广告主要是宣传会展企业或展会的整体形象，如介绍展会演变发展的广告。节假日庆祝广告、对同行的祝贺广告、向公众致意或道歉的广告、鸣谢广告等。这种广告，有助于加深公众对会展企业或展会的了解，进而推动展会招展招商活动的顺利开展。

3. 举办各种与展会有关的专题活动

举办大型的展览会开幕式、展览公司周年纪念、知识竞赛、有奖答题等专题活动，通过这些活动可以扩大办展机构的影响，加强同外界公众的联系，树立良好的展会形象，从而可以吸引更多的参展商参展。

4. 参加各种社会活动

办展机构通过对文体、福利事业或市政建设等一些社会公益活动进行赞助，扩大办展机构或展览公司的影响力，提高展会的认知度与美誉度，赢得社会公众的信任和支持。

5. 及时应对和处理公关危机事件

在展会运营中，公关危机事件的发生是不以人的意志为转移的，如参展商或观众投诉、对展会不利信息的传播、安全事故等。这些事件的发生往往会对展会的形象或信誉产生负面影响，有时可能对展会是致命的。面对公关危机事件，展会公关人员决不能熟视无睹，而应立即行动起来，积极配合有关部门查清原因并果断处理，使展会遭受的损失减少到最低程度。

三、销售促进策略

销售促进又称营业推广，是指组织方为了在一定时间内刺激需求、提升展位销量而采取的各种措施，如价格折扣折让、赠送礼品、有奖销售等。

展会销售促进的对象主要有三类，即参展商、中间商和展会营销人员。

在会展项目的营销中，针对行业内的参展商和业内专业观众采取针对性的促销策略是必不可少的。会展促销策略的实施可以遵循以下思路：首先对参展商和专业观众、也即消费者的心理、行为、职业、媒体接触习惯等特征进行分析，并在此基础上来确定选择何种促销方式（表5-1），确定通过什么形式的媒体广告来进行宣传。继而就需要根据以上所确定事宜进行宣传费用的预算，宣传费用预算要以小支出、大创意、大效果为原则，利用有限的经费预算博取消费者的青睐。最后就是广告或活动的实际运作。

根据销售促进的对象划分，展会销售促进的策略主要有以下三种。

（1）对参展商的销售促进策略　办展机构对参展商采取的策略为：价格折扣、赠送礼品、费用补贴、消费信贷等。

（2）对中间商的销售促进策略　针对参展商采取的销售促进策略，有些也适用于中间商，但对中间商的销售促进还应有一些针对性的策略，主要包括：购买折让、提供促销支持、免费赠品。

（3）对展会营销人员的销售促进策略　为了充分调动展会销售人员的积极性，办展机构一般也会采取一些激励措施。常用的销售促进策略主要有：推销回扣、特别推销金、红利提成、销售竞赛等。

表5-1　会展促销方式及特点

会展促销方式	特点
招展函	信息明确，尽量突出展会特色，以信件的方式直接寄送给厂家、商家或者相关人员
会刊	展会的参展商、投资商名录及对产品的介绍，还会开辟出专门版面来给商家做广告，一般是在展会前后免费向参展或观展人员发放，以便日后的联络
会展网站	外界了解会展的最主要的宣传工具，其主要特点是信息容量大，传播范围广，更新快，所有关于展会的信息基本上都可以在会展网上找到
媒体广告	充分利用广播、电视、报纸、专业期刊、网络广告、邮件广告、直接邮寄广告、微博、微信和户外媒体开展广告宣传
展会活动	活动应与特定的展会项目主体联系起来，同时可以结合会展举办地的文化习俗、风尚礼仪及会展参加者生活与消费形态。例如会展期间举办各种论坛、峰会、邀请业内知名人士和政府官员，吸引新闻媒体及行业内外人士的关注

四、会展关系营销策略

会展关系营销是把营销活动看成会展企业与消费者、供应商、竞争对手、政府机构和社会组织发生互动作用的过程，其核心是建立与这些公众的良好关系。其基本内涵主要包括：保持客户、锁住客户、数据库营销、承诺与信任等。

（一）会展关系营销运作

会展关系营销运作主要是针对会展某一关系市场进行的关系营销活动，具体包括会展目标关系市场分析，会展关系营销组织设计、会展关系路径选择和会展关系营销策略等内容。

1. 会展目标关系市场分析

会展目标关系市场分析就是分析会展目标关系的性质与现状。分析会展目标关系的性质，就是要清楚了解会展企业与某一关系市场如政府有关部门、行业协会、参展商、专业观众、会议代表、代理商、媒体、内部员工等互动的性质。

2. 会展关系营销组合设计

会展关系营销组合设计就是要针对不同会展目标关系市场的性质和现状，根据会展企业的关系资源，将关系营销方法进行整合和综合运用，以达到最佳的效果。

3. 会展关系路径选择

会展关系路径的选择就是思考会展关系营销的一些具体操作问题。主要回答三个问题：① 谁来做或通过谁来做？② 什么时间做？③ 如何做？如何予？如何借？如何化？如何合？如何信？

在会展关系营销中，要特别注重会展关系路径的选择。中国是礼仪之邦，中国人十分讲究人际关系，并根据血缘和亲缘的远近，将一个人的关系基础分为家人关系、熟人关系和生人关系：熟人关系讲人情，讲回报；生人关系讲利害得失，按便宜原则行事。

（二）会展关系营销策略

会展企业为了培养与参展商长期稳定的关系，在营销策略上应有所不同。在会展实际运作中，有以下三个层次的会展关系营销策略可供选择。

1. 会展财务性关系营销策略

会展财务性关系营销策略即会展企业以价格为手段，通过价格因素来与目标客户建立某种关系来刺激和鼓励企业参加会展，如对老客户实行一定的价格优惠、对参展面积较大的客户给予一定的价格折扣等。财务关系营销常常是会展企业留住老客户的主要手段，并且也用来吸引新顾客。但是，会展财务性关系营销主要依靠价格因素起作用，其局限性比较明显，也很容易被竞争对手模仿。它较难形成一种长期的竞争优势，只能作为频度高的营销手段来使用。

2. 会展社会性关系营销策略

会展社会性关系营销策略即指那些以个性化的服务和在会展财务关系的基础上寻求与客户建立起某种社会性联系的营销策略。社会性关系营销不是漠视价格因素的重要性，而是强调通过个性化服务和客户建立起社会性联系，将潜在客户和新客户变成关系客户，并将老客户留住。

3. 会展系统性关系营销策略

会展系统性关系营销策略即通过将企业参展和展会服务设计成一个服务价值传递系统，办展机构通过这个系统而不仅仅是营销人员和个人与客户建立紧密的关系。系统性关系营销的服务价值传递系统的营销抗干扰能力很强，若这种营销策略实施到位，客户转向竞争者的机会成本很高，这使他们即使是在价值差异较大、社会性联系变得不稳固时，也不会轻易地考虑转向竞争对手。

五、会展网络营销策略

会展网络营销是以国际互联网为媒介，以现代信息技术为手段进行会展营销的一种营销理念或方式。与传统的营销方式相比，会展网络营销的优势明显、特点突出，全球性、交互性、无形性、便利性、个性化、互联性、标准化、效益化、整合化、技术性是其明显的优势与特点。

（一）会展网络建设和推广

会展网站是会展网络营销的窗口，是联系会展主办方与会展参加者的桥梁和纽带，因此，加强会展网站的建设和推广十分重要。

1. 会展网站建设和推广的要求

会展网站建设和推广的要求是设计人性化、操作反应快速化、网页更新经常化、信息内容丰富化。

2. 会展网站的内容

会展网站的内容包括会展标志及名称、近期会展资讯、中外文标识、公司简介、会展导读、会展在线注册、提供服务、会展场馆、参展须知。

（二）会展网络数据库建设

网上营销的基础是办展机构拥有一批属于自己的客户，在网络环境下要求办展机构建立自己的客户关系管理（CRM）系统，它是利用计算机技术手段在办展机构与顾客之间建立一种数字的、实时的、互动的交流管理系统。主要包括：收集客户信息；制订客户方案，实施定制服务；利用反馈系统，追踪需求变化；更新数据信息，改善客户关系。

（三）会展网络营销策略

1. 会展广告与信息策略

会展广告与信息策略就是根据有关广告策略，在会展企业的网站上插入一些有关的会展广告，凭借广告的拉动效应和一些免费的信息吸引客户浏览自己的网站。

2. 会展促销策略

会展机构为了鼓励参展商、专业观众或参会者参加会展，在网上广泛运用各种促销手段，达到促销目标。针对参展商，办展机构可提供在网上预订展位的服务，按照预订面积和提前的日期，给予参展商一定的现金或数量折扣，同时通过会展机构的客户关系管理系统检索此参展商的有关信息，如参展次数、参展面积、信誉度和企业形象等记录，按照不同的级次（新老客户、信誉度、参展面积）给予一定的优惠；针对专业观众，办展机构也应有一套老客户管理信息系统，通过网上电子信箱和公告，告知专业观众办展日期、并邮寄门票，对于没有记录但对展会感兴趣的专业观众，可在线填写自己的有关信息（地址、邮编、所在行业、参观目的）等资料，办展机构应及时给他们邮寄免费的门票；对于普通观众，可在网上发布广告，并设计为移动式按钮广告，来吸引上网者的注意，感兴趣的可直接点击此广告，免费获取门票。这些均是一些行之有效的促销方式，要广泛使用。

3．会展服务策略

会展服务策略就是利用网络技术为参加会展的客户提供全方位服务的方式或技巧。会展前提供会展查询、会展预订和服务查询预订等服务；会展中提供现场报道、展台摄像、网络展会、网络路演等服务；会展后提供网络展示、展台布置、在线交易等服务。

4．会展价格策略

价格是会展网络营销中最为复杂和困难的问题之一，因为价格对于参展商、参会者乃至中间商都是最为敏感的话题。网上营销可使单个客户同时知晓多家会展甚至全部会展的价格信息，这就决定了网上营销的价格弹性较大。

5．会展渠道策略

网络将会展机构和客户连在一起，给会展机构提供了一种全新的销售渠道。会展网络营销渠道主要有两种：网络直接销售和网络间接销售。前者是指会展机构通过自建的网站销售会展产品。其发展潜力巨大，但目前在我国的发展还受到市场运作机制、服务体系、信用水平、金融服务手段、网络环境及消费观念等因素的制约。后者是为了弥补网络直销的不足，会展机构通过网络交易中介而实现会展销售通路。两者有机结合，共同拓展会展市场。

【知识链接】

中国婚博会——全球超大规模、世界品牌结婚展。每年在广州、北京、上海、武汉、天津等地同时举办春夏秋冬四季展，先后有30多个国家的名品名店、名设计师、名流明星来中国婚博会发布每季国际前沿结婚时尚，中国婚博会已成为中国百万新人向往的结婚采购品质平台和中国结婚时尚风向标。

微信扫码直接进入网站

微信扫码观看婚博会现场报道

任务5 招展招商书的撰写

一、招展书的撰写

招展书的撰写是展览招展关键性的工作。招展书往往直接发至宣传媒体，也是展会其他宣传方式的基础性资料。由于招展时展会并未成为现实，招展书对说服展商前来参展就起到了决定性的作用。对于展商参展前需要得到解答的问题都必须在招展书中加以说明。很显然招展书必须为潜在的展商描绘出将要举办的展览概况，使参展商有足够的兴趣、信心前来参展。招展书的任务不仅在于解答潜在参展商的疑惑，还在于激发展商前来参展的热情。

招展书的撰写有一定的程序，但所用的语言可以是丰富多彩的，撰写者有着广阔的想象空间。一份招展书的基本内容由展会简介、展会组织者、专业设置、历史业绩、参展收费标准、展会宣传和专业观众组织、服务项目和其他有关说明等部分组成。

1．展会的简介

简介是用简洁的语言，对展会作一个轮廓性的描绘，它要向参展商扼要地说明展会的宗旨、层次水平、功能和发展前景等。

2．展会组织者

展会组织者即举办单位，因为我国对国际展实行主办单位资格认定制，即只有国家有关部门认定的机构，方有权主办国际展，因此在我国有主、承办单位之分。没有主办资质的机构只能做承办单位。除了主、承办单位外，还有一些其他相关机构协助展会的举办。

3．专业设置

所谓专业设置就是展览会的展览分类和范围。在招展书中说明专业设置是要告知拟议中的展览内容，潜在的展商据此决定是否前来参展。

4．历史业绩

说服潜在参展商的最好方法就是向他们介绍以往历届展览成功举办的情况。完整的历史业绩介绍应该包括以下几个基本数据。

（1）上届（或历届）展览会参展企业情况。

（2）上届（或历届）展览会参展企业分布情况。

（3）上届（或历届）展览会参展企业到会情况。

（4）上届（或历届）展览会专业观众在展览会中观看动态。

（5）上届（或历届）展览会成交情况等业绩。

（6）上届（或历届）展览会参展商或专业观众对展览会的评价等。

5．参展收费标准

参展收费即展览空间出租费，这是展览举办方的基本收入，当然也是参展商的基本支出，必然是潜在展商最关心的部分之一。

6. 展会宣传和专业观众组织

潜在参展商十分在意展会的专业观众，因为他们是企业产品潜在的买方，所以，招展书中应该说明展会组织机构招商工作的打算和实施方案，包括通过什么渠道、什么方式组织专业观众。

7. 服务项目

展会期间展览组织者将向参展商提供各种服务。这些服务非常重要，离开这些服务，参展商工作将无法展开。同时服务也是一种竞争手段，组织者提供的服务越多，对参展商吸引越大。在招展书中，应向参展商明确说明哪些项目是免费服务，哪些项目是收费服务。一方面使参展商有所计划和准备，另一方面避免出现不必要的纠纷。

8. 其他有关事项

招展书的最后还必须将一些参展的具体事项告诉潜在的参展商，如展览的日程安排，与展览组织机构联系的方式，以及参展费用的汇款方式和途径等。日程安排一般包括：布展日期、撤展日期、展出日期及每日对外开放的时间。汇款事宜包括：汇款对象的公司名称、开户银行、银行账号。

二、招商书的撰写

一般规模不大的展览会招展书与招商书基本合一，但层次较高和规模较大的展览会则可以设计专门的招商书（邀请函），招商书的内容包括以下几点。

（1）热情洋溢地介绍展览会的情况，主要阐明办展的宗旨和目的。

（2）介绍本展览会历届或本届预计到会的重要展商情况。

（3）介绍本展览会展出期间的活动（论坛）等情况。

（4）有些招商书（邀请函）中还附带做些调查，如：参观的目的是采购、收集信息还是寻找合作；对展览会展出的哪些专业（或产品）感兴趣等。

【拓展阅读】

— 反思LED展会营销：如何从中脱颖而出 —

可以这么说，照明行业的会展经济蓬勃发展至今，是很多行业人士始料未及的。但“存在即合理”，顺应了整个照明行业迅猛向前发展的会展经济在为这个行业带来诸多便利与助力的同时，也开始暴露出一些问题。

当前，越来越多的、各式各样主题的展会如雨后春笋，企业到底应该参加哪个展会?如何计算展会投入产出比?如何在展会中脱颖而出?……作为企业重要的营销手段之一，展会营销的“值”与“不值”现阶段困扰着越来越多的企业。

反思LED展会营销，如何从中脱颖而出?

观现状，会展经济发展“非一般”。

“有市场就有需求”，如今的会展经济发展不仅是“非一般”，更是“飞一般”。

一、成熟展会：开辟分会场，不亦乐乎

美誉度与成熟度都略胜一筹的成熟展会如何赢取更大的市场份额，实现突破?答案是：开辟分会场。

据悉，2013年，广州光亚展在其召开的新闻发布会上表示，将于2014年9月3～5日在上海新国际博览中心举办“姐妹展”——“上海国际照明展览会”。同期举行的还有“上海国际智能建筑展览会”及“上海国际供热通风空调、城建设备与技术展览会”，以期通过三展互动，为参展商及买家构建一个建筑设计与技术的大平台，全面覆盖照明、建筑电工电气、智能家居、温控、供热、通风及空调等领域。

无独有偶，业内皆知的古镇灯博会也不甘落后。据悉，已走过12届的古镇灯博会于2013年启用了全新落成的古镇会议展览中心，其主办方决定将于2014年始，每年举行春秋两季古镇灯博会，其中春季灯博会时间为4月10～14日，秋季灯博会时间为10月22～26日，再度引爆行业关注。

作为国内最具代表性的展会，广州光亚展与古镇灯博会同时于2014年进行变革，也预示着会展经济市场将再掀一番风云。

二、新兴展会：抢占市场，马不停蹄

除了我们耳熟能详的法兰克福展、光亚展、灯博会、广交会、香港春秋季展以外，近两年，一些会展“新面孔”频频亮相，可谓是“抢占市场、马不停蹄”。

如由中国照明学会（CIES）、国家半导体照明工程研发及产业联盟（CSA）及雅式展览服务有限公司强强联合举行的中国（北京）国际照明展览会将于2014年4月14～16日在北京中国国际展览中心盛大开幕。据悉，为满足行业更多需求，同期还将举办“中国（北京）国际半导体照明产业博览会”“2014中国（北京）国际智能建筑暨智能家居展览会”等，其目标是将展会打造成为“中国照明北方第一展”。

有如此雄心壮志的不止一个。据悉，由广州市光合作用展览有限公司主办，恒建展览（香港）有限公司承办的“亚洲照明及消费电子产品展”将于2014年4月14～17日在广州琶洲保利世界贸易中心举行。开展时间与中国（北京）国际照明展览会颇为一致。

当然，不可否认，近两年涌现的这些展会给行业贡献了一股新生力量，但也让业内人士颇感“乱花渐欲迷人眼”。

【项目小结】

本项目主要讲述了营销理论4Ps策略，会展营销主体对展会的关注点，会展营销产品包含的三个层次。简述了会议产品、展览产品的定价策略，会展产品营销组合的策略。

【项目实训】

利用微信群建立一个项目团队，进行会展项目网络营销，具体项目可以自行选择。

1. 操作步骤

步骤一：成立项目团队

步骤二：选择营销项目

步骤三：团队分工

步骤四：项目营销数据

2．学生互评与教师点评

学生互评与教师点评表

大类指标	分类指标	分值	学生互评	教师点评	总分
团队成员	成员个性	5			
	成员特长	5			
	成员性别	5			
	成员能力	5			
主题活动设计	工作范围	10			
	工作内容	15			
	工作职责	15			
	授权	10			
口头表达能力	项目可行性	10			
	项目亮点	10			
	项目数据收集	5			
	客户反馈	5			

项目五

现场管理与活动策划

【项目概述】

会展现场管理是会展项目管理的一个重要实施、执行环节。会展现场管理就是在一段时间内，会展服务管理的各方提供给服务对象的一系列工作计划、控制和协调，是会展项目主办方、承办方以及会展场馆方为完成既定的会展目标，对发生在会展活动场所内的相关活动所实施的一系列组织、控制、沟通、服务等工作的过程。

【项目学习目标】

1. 熟悉会展现场管理的过程。
2. 熟悉会展配套服务的内容。
3. 具备现场服务策划的能力。
4. 具备会展危机管理实施的能力。
5. 掌握会展现场观众统计的能力。

【案例导入】

— 中国—东盟博览会展览现场管理 —

一、展位及场地管理

（一）展位规格及配备

标准展位：面积为$9m^2$（3m×3m）/个，含公司中英文楣板、三面围板（过道转角展位有两面围板及两块楣板）、洽谈桌1张、椅子2张、射灯2盏、500W单相插座一个、纸篓一个，铺设地毯。

净地展位：不含任何配置。

（二）展位管理规定

博览会展位仅供通过审核的参展单位使用。参展企业名称须与《展位确认书》及楣板名称相符。凡在展位使用中出现下列情况的，均予以取消参展资格：

（1）以联营名义将展位转给联营单位使用。

（2）以供货或协作名义将展位转给供货、协作单位使用。

（3）以非参展单位（指未经资格审查、复核和备案的单位）名义对外签约。

（4）以借用名义将展位转给（借给）其他单位使用。

（5）未经许可擅自对调、对换展位。

（6）向供货、联营、协作等单位高价收取参展费用。

（7）其他违规转让或转租（卖）展位的行为。

总公司或集团公司（以下统称总公司）直属子公司可以总公司名义参展（即以总公司名义

办理资格审查、复核和备案）并使用总公司的展位，此情况不视为违规。

参展企业须携带《展位确认书》及企业营业执照（复印件）等资格证明材料参展，积极配合现场管理人员查验。

（三）展品管理规定

展品须与《展位确认书》中确认的展品一致，如出现展品不符，视情节轻重予以处罚，情节严重者，即取消参展资格。

参展商及其他参会人员不准占用公共场所摆放展样品及其他物品。对展位以外摆放的各类展样品和物品，由相关执法部门予以暂扣。经产品质量监督部门检验核实合格的产品予以退还，凡核实属假冒伪劣产品由工商部门予以销毁。在对违规摆放的物品处理中造成的任何损失和产生的费用由物主承担。

请参展商按时进馆和离馆，自行提高安全防范意识，并采取有效的保护措施，妥善保管好展样品和个人随身物品。博览会秘书处对每个专题展厅都安排保安24小时值班，但对展品丢失或损坏不负责任。

（四）未经允许，不准利用公共场地搭建广告牌。

（五）凡违反上述规定的，博览会秘书处视情况予以警告、暂扣、没收违规展样品，查封展位，取消参展参会资格。

（六）对违反中国法律法规的企业或个人，博览会秘书处将移送相关执法部门处理。

二、进出馆管理

（一）所有人员凭有效证件进出展馆。

（二）参展商须提前向博览会秘书处申报展品名称和数量，根据《展位确认书》确定的展品参展，展品如有变动和调整，请参展商于2013年8月23日前向博览会秘书处重新申报确认。

（三）展品进入展馆必须由安检人员根据《展位确认书》确定的展品名称及数量进行查验，查验不合格的物品一律不准进入展馆。

（四）展品须于布展期间送达展位，正式展览期间，不准进入展馆。

（五）参展商须遵守博览会有关撤展规定，不准提前撤展。

三、现场销售管理

除东盟国家不复运出境的展品经博览会秘书处同意可现场销售外，其余参展商一律不准在现场销售展品，违者予以暂扣。

四、知识产权保护

（一）严禁参展商展示或出售假冒商品、侵犯他人商标和专利等违反知识产权的行为。

（二）处理办法

1. 根据中国商务部等部门联合发布的《展会知识产权保护办法》的规定，知识产权管理部门在博览会现场设点提供知识产权保护方面的服务，并受理相关投诉，经确认如涉嫌侵犯知识产权的参展商将被取消参展资格。

2. 知识产权权利人投诉时须提交的材料

（1）合法有效的知识产权权属证明　涉及专利的，应当提交专利证书、专利公告文本、专利权人的身份证明、专利法律状态证明；涉及商标的，应当提交商标注册证明文件，并由投诉人签章确认，商标权利人身份证明；涉及著作权的，应当提交著作权权利证明、著作权人身份证明。

（2）涉嫌侵权当事人的基本信息。

（3）涉嫌侵权的理由和证据。

（4）委托代理人投诉的，应提交授权委托书。

五、消费者权益保护

（一）严禁参展商及其他与会人员展示或出售伪劣产品。

（二）处理办法

1. 工商管理部门在博览会现场设点提供消费者权益保护方面的服务。

2. 根据《中华人民共和国产品质量法》的相关规定，产品质量监督管理部门博览会现场质监小组为客商提供产品质量检验服务，对涉嫌产品质量问题的展样品进行现场检验，对产品质量不合格的展样品立即予以暂扣，并取消参展商参展资格。

3. 根据《中华人民共和国药品管理法实施条例》的相关规定，禁止展示无审批文号的药品和医疗器械及以个人名义展示药品和医疗器械，禁止现场销售药品和医疗器械，违者由药品监督管理部门立即予以暂扣，并取消参展商参展资格。

六、噪声控制

（一）严禁在展位上叫卖展品。

（二）展位声像设备的音量须低于50分贝。

（三）对屡次违反且不听劝告者，博览会秘书处将进行相应处理。

七、其他

严禁在展馆内使用任何电器设备烧煮食物。

讨论 （1）“中国—东盟博览会”的现场管理包括哪些内容？

（2）优秀的展会现场管理人员应该注意展会的哪些环节？

分析 展会的管理者是展会现场的协调者，在主办单位和政府各部门之间进行沟通，从而提供服务，对现场进行管理。现场发生的问题往往刻不容缓，身为现场管理者，首先需要尽快解决最亟待解决的事情，同时也能使管理者更加重视外部环境——展会现场，而不是内部——现场管理处。只有外部环境才是产生效益的地方。

【知识链接】

中国–东盟博览会，CHINA–ASEAN Exposition 简称CAEXPO。由中国前国务院总理温家宝倡议，由中国和东盟10国经贸主管部门及东盟秘书处共同主办，广西壮族自治区人民政府承办的国家级、国际性经贸交流盛会，每年在广西壮族自治区的首府南宁举办。中国–东盟博览会是中国境内唯一由多国政府共办且长期在一地举办的展会。以展览为中心，同时开展多领域多层次的交流活动，搭建了中国与东盟交流合作的平台。

微信扫码直接进入网站

微信扫码观看展会宣传片

任务1 会展现场管理工作安排

展会现场工作一般由三个阶段组成：展前布展管理、展中现场管理和撤展管理。以下就三个方面内容进行介绍。

一、展前布展管理阶段

展前布展是展会开幕前的现场筹备工作。不同题材的展会需要的时间长短不同，通常布展的时间是三天左右，最短的可能只有一天。在布展期间，主办方主要管理的对象是主场搭建商和主场运输商的工作，督促和协调他们相互之间的配合，以保证布展的顺利。办展机构在组织展会前需要到工商、消防、安保和海关等办理有关手续，办理了有关手续，展会才能布展。同时，还需要与展会指定的承建商和展品运输代理进行充分的协调和沟通。

参展商报到之前，主办方应督促主场搭建商（承建商）做好两项工作：一是按图纸做好展台区域地线划分工作，标明展台号；二是按图纸搭好现场服务办公的场所。

（一）设立场地前台接待

（1）负责参展企业报到登记。

（2）根据参展报名情况落实参展证的派发和展品进入场地确认。

（3）派发参展企业在参会期间的参会指南。

（4）进行一些相关企业的咨询活动，介绍展场的大体安排情况。

（二）酒店接待处

（1）设立前台接待处。

（2）进行参展商住宿登记。

（3）住宿表要求：企业名称、房间号码、酒店联系电话、房主姓名。

（三）场馆现场协调工作

（1）负责监督现场施工，即根据参展企业要求进行装修的展位施工。

（2）在现场工作中注意防火、防电、防盗等。

（3）为企业协调现场租赁业务。

（4）根据企业报名表，布置安排会场外的广告宣传（一般为参展商企业根据要求而设立的）。

（四）交通运输安排及搬运工作

（1）企业运输展品的接待及装卸。

（2）搬运工作协调。

二、展中现场阶段工作

（一）展览会的开幕式组织工作

在开幕式前要求所有的室内、室外的布展工作完成，准备迎接参观者参观，如何做好开幕式组织工作也是项目经理协调能力的体现。

（1）确定邀请参加展览会开幕式贵宾名单。

（2）确定邀请参展企业的记者名录。

（3）开幕式的场地搭建要求。

（4）开幕式主持人讲话内容的审定及参加嘉宾讲话内容的审定。

（5）开幕式结束后，带领嘉宾参观及讲解的人员到位，以及会后的安排工作。

（二）展会召开期间

展览会召开期间的所有工作进入最后结束的倒计时工作，前期大量的组织工作体现在这几天的展览会效果，参展商满意，参观者满意，才能说明展会的成功。要求：

（1）做好大会的参观人数的统计、分类。

（2）发放大会的展览会刊（每天定时发放，需根据参观对象的身份发放）。

（3）协调展会期间研讨会会议组织安排工作，做到研讨会与展览会有机结合。

（4）做好最后的中间人形象，积极为企业牵线搭桥，为企业服务。

（5）统计大会的成交额，做好记录。

（6）积极听取参会代表对大会的意见和建议。

（7）根据参会信息，再次邀请参会企业参加下一届的展会。

三、撤展阶段管理

当展会按计划的天数进行展览完毕，展会就要准备闭幕，展会闭幕标志着本届展会正式结束。然而，展会闭幕并不意味着展会现场工作就此结束。展会的撤展工作还需要办理机构的大力介入和进行必要的管理。展会的撤展工作主要包括展位的拆除、参展商租赁展具的退还、参展商展品的处理和回运、展场的清洁和撤展安全保卫等工作。

任务2 展会现场管理与服务内容

一、展会现场管理内容与措施

（一）展会观众管理

观众是构成展览的基本要素。观众一般可以分为专业观众和一般观众。带有专业针对性的观众称为专业观众，他们多数是展览会、博览会特意邀请的参观者，他们有两个明显的特点：一是目的性，二是权威性。专业观众参观的目的明确、选择性很强，他们或为贸易，或为某一科研课题，或为某一技术成果的推广应用。不带有专业针对性的观众属于一般观众。一般观众的特点是人数众多，构成复杂。

根据接待对象选择接待方法，不同展会观众需要不同的招待方法。参观展会的观众中，大致可分为有组织的集体和个别的零散观众，专业观众和一般观众，重点观众和普通观众，外宾（国外观众）和内宾（国内观众）等几种类型。对于集体参观的观众，可由展会接待部门通过有关组织机构，实现联系，登记预约，按先后顺序安排参观时间和场次，有组织地分期分批集体参观。个别零散观众一般采用购买门票或领取参观券的方法来控制进馆的时间和人数。基本程序：填写登记表、办理证件、检查门票、领取参观指南、免费赠送或出售会刊、引导手册。

对参观观众的人数进行统计，主要方法有：依据观众办理登记手续的内容进行统计、根据门票进行统计、参展商的客户统计；国外很多展会现场均已使用多媒体技术，配备电子门禁系统，能较为准确地统计观众人数。

（二）展会现场广告管理

一次大型展览会活动，主办单位获取广告收入的渠道很多，如展览快讯、展会会刊、户外广告牌、气球、标语等，但无论采用什么样的广告载体，展会主办单位都需制定明确、统一的广告政策，做到对所有参展商一视同仁。即使制定了相应的优惠措施，也应该让所有参展商都了解，而不应简单地根据参展企业的规模大小来决定是否给予其优惠。

（三）参展商行为管理

参展商行为管理的主要工作依据是参展合同。在布展（尤其是某参展商需要进行特装时）、开展和撤展等不同阶段，展会主办单位都应和参展商进行有效的沟通，确保它们的行为符合参展合同尤其是场馆的使用规定。必要时主办单位可以采用强制性措施，以维护绝大多数参展商的正当利益和保证整个展会的顺利进行。

（四）安全管理

展会安全问题近年来是世界展览业发展的重要议程，时至今日，安全的办展环境已经成为现代城市发展展览业的重要竞争力。展览会现场的安全管理主要涉及三个方面，即盗窃、火灾和卫生。为此，展会主办单位需要和消防、卫生和公安等部门主动联系，积极争取这些部门的支持。

（五）交通、物流管理

对现场物流和交通的控制是展会全面控制的至关重要的部分，事实上，交通也属于物流范畴，只不过在这里的“交通”主要指现场的交通工具、停车场及线路的规划，如展品运输车辆、巴士（往返于地铁或机场与场馆之间）、出租车、停车场等。

展会现场的物流管理工作十分频繁，哪怕是看似简单的停车场事物，也要充分考虑到展品运货司机、贵宾、参展商和专业观众的不同需要。对于大型展览活动而言，现场交通与物流管理的负责人至少应该掌握：一份相关联系人的名单；场馆地图；展品抵达场馆的时间；现场交通规划草图；紧急情况应对计划；现场联络点，包括保安人员和志愿者。

（六）餐饮管理

餐饮服务是展览会质量的一个重要环节。展览会主办单位可采取外包的形式，将展会期间餐饮区的经营权临时转让给知名酒店或连锁餐厅，并通过合同条款对其菜单、分量和价格等进行严格的约束，以确保现场饮食服务的质量。在这一点上，有些展览会公司所采取的餐饮服务公开招标的方法值得借鉴。还有一点需要强调，在展会餐饮区，餐饮服务人员还应该对简易饭盒等餐具进行及时清理，为参展商和观众营造一个良好的就餐环境。

（七）证件管理

通常来说，在一次展览会中，主办机构至少要印刷6种证件，分别发放给参展商、专业观众、工作人员（包括主办机构、承办机构和协办机构的相关工作人员）、筹（撤）展人员、媒体记者及与会嘉宾（包括领导和演讲嘉宾）。另外，为了保证参展商、专业观众和嘉宾的停车位，场馆管理方还需使用停车证。如果展览会拟出售门票，主办单位需要事先向税务部门报告，在征得同意后方可印刷和出售门票。

（八）参展商和观众投诉处理

在展览会举办过程中，不可避免地会存在个别参展商和专业观众会对场馆现场管理、餐饮配套服务等表示不满，并向主办单位接待办公室提出投诉，有些直接到问询处投诉，这是迫切需要有一个专门的机构来处理各种投诉。例如，在第二届中国（深圳）消费商品采购大会上，组委会在总服务台设立了问询投诉处，负责回答参展商和观众的问询，并处理各种投诉，达到了比较好的效果。

（九）新闻管理

一般来说，国内1万平方米以上的展览会都会在现场设立新闻中心或新闻办公室，以便参展商和主办单位能及时发布各种信息。新闻中心的硬件设施和人员配备应根据展会规模等实际情况决定。另外，展览会主办单位往往会安排专门的新闻主管，负责统一发布展览会的官方信息，并接受媒体的采访。所委托的新闻主管必须善于言辞，举止落落大方，并十分熟悉展览会的相关情况。

（十）知识产权保护工作

主办方应在现场设立专门办公室，负责知识产权保护工作，并聘请专职律师咨询。应遵循以下基本原则：坚决反对利用展览侵犯知识产权；证据讲话；被告方如有异议，有申辩权利，但须提供证据，否则暂时撤下有疑问的展品；双方应在展后诉诸法律解决。

（十一）现场保洁

现场保洁分别由场馆方、主场搭建商和特装搭建商分工负责。展览场地内公共区域的清洁工作由场馆方负责，如通道、厕所、餐厅等。展台内的清洁按“谁搭建、谁负责保洁”的原则来负责。特装搭建商应在撤展时将展台内的装修垃圾清理带走。

（十二）展览会布置和撤销管理

1．布展管理

一般在展览会开幕前几天举行，时间长短依展览会的不同规模和主题而定。对于主办单位而言，布展就是对展览会现场环境进行规划，对参展商、搭建商、运输商等的有关工作进行协调和管理，从而为展览会正式开幕做好准备（表5–1）。

表5–1　布展管理

工作项目	工作标准	具体描述
搭建展台之前	到管理部门办理相关手续	到工商、消防、公安和海关等部门报批和备案，并办理有关手续（对于有特殊需要的大型国际展览会，还应邀请这些部门现场办公）
	与指定搭建商和运输代理商协调	共同讨论和预防展台搭建、展品运输过程中可能会出现的问题
	安排餐饮、旅行等服务商	预先安排展览会现场的各项服务设施，其中，餐饮服务在搭建展台期间便可向参展商提供
	争取其他部门的支持	争取卫生、银行、交通、知识产权等部门的支持
搭建展台期间	展位划线	根据各参展商租用的场地位置和面积，划分好每一个展位的具体范围
	铺设地毯	在场馆的公共区域、标准摊位等地方铺设地毯
	参展商报到和进场	参展商凭合同或参展申请回执等有效证明到现场报到，办理相关入场手续，并领取相关证件
	现场施工管理	派专人管理指定搭建商和特装参展商的现场施工活动，避免出现现场混乱或存有安全隐患
	搭建标准摊位	完成所有标准摊位的制作，并认真核对展台号及各参展商的中英文名称等信息
	海关现场办公	对于海外参展展品，主办单位应陪同海关进行现场抽查，如果海外展品比例较大，可邀请海关现场办公
	现场安全保卫工作	做好相关安全保卫工作，如定期巡逻、执行出门证管理制度
	消防和安全检查	当全部展位搭建完毕后，主办单位应陪同消防、安保部门进行全面检查，以便及时发现和处理安全隐患
	布展清洁工作	及时收集和处理布展所产生的垃圾
	接待媒体	布展期间也会有部分媒体前来采访，因而主办单位还应安排专人负责媒体接待工作

对于特殊搭建，即租用空地的参展商均为特殊搭建展台，无论是由指定单位搭建还是自行搭建，均要提前设计展台彩色效果图、平面图并将所用材料防火证明报给主办单位，以便及时上报消防部门批准备案。所有的搭建材料必须采用不燃或阻燃材料；未经同意的方案，消防部门不允许参展商在展馆内搭建。

2. 撤展管理（表5-2）

表5-2 撤展管理

工作项目	工作标准	具体描述
拆除展台	安全操作、恢复场地原貌	对于标准摊位或由参展商委托施工的展台，由指定搭建商负责拆除；特装展台则有参展商负责
参展商退还展具	协助参展商顺利退还展具	协调各方关系，帮助参展商及时将所租用的展具退还场馆的相关服务部门或指定搭建商
处理展品	协助参展商妥善处理展品	展览会结束后，参展商处理展品的常用方法有出售、赠送、回运或销毁，必要时主办单位应提供协助
展品出馆管理	严格执行出门证管理制度	参展商向主办单位申请出门证，场馆保安人员检查放行
展场清洁	保证场地清洁	恢复场地原貌，按场馆方指定地点堆放垃圾
安全管理	加强安全和消防保卫工作	定时巡逻，及时消除各种安全隐患

二、展览现场配套服务

（一）促销服务

各种经贸类展览其展出服务的重要目标是促销。广义来说，展览活动中的陈列展示、宣传广告、公关接待、解说服务等，都与促销紧密相关。狭义来说，展览的促销服务主要指为了促进销售而提供的咨询、洽谈、金融、商务、保险等服务。

（二）展览销售服务

除商业性的展销活动之外，一般的展览活动都不以即时销售为主。展览会中的销售服务，是为了活跃展览气氛，吸引观众兴趣，扩大展览的影响或收集观众反应而举办的卖品试销活动。它不以营利为目的，而是通过展览以达到跻身市场实现长期促销为宗旨，进一步树立展览产品、参展企业在观众心目中的形象，加深观众对产品和企业的认识与了解。

（三）餐饮服务

餐饮是会展服务的重要组成部分。餐饮服务在物质方面最重要的作用就是给与会者一个休息的机会，即使在吃饭的时候有人发言，与会者也能够体会到一种积极地节奏改变。餐饮服务在会展中还可以创造社交机会，让与会者能够彼此增进了解。对饭店而言，餐饮服务是饭店极其可观的收入来源；对会展组织者来说，就餐场合容易保持一种积极的氛围或者说为创造这种氛围提供了机会。

（四）物流服务管理

物流是物品从供应地向接受地实体流动的过程。根据实际需要，将运输、储存、装卸、搬运、包装、加工、配送、信息处理等基本功能实施有机结合。会展组织者应该联络有实力的物流企业为会展展品的运输提供高效、及时的服务。会展物流的特点是多品种、小批量、多批次、短周期，这要求物流企业必须以改善服务方式、提高服务质量作为赢得竞争的关键。有形的环境条件是服务人员对顾客更细致的照顾和关心的有形表现。

（五）保安服务

在后勤服务方面，还值得一提的是保安服务。为使展览活动顺利开展，展览的安全保卫工作显得尤为重要。展览会的保安服务要主动尊重和依靠当地保安部门，认真采纳他们的建议，共同负责安全的管理和服务。要制订安全保卫方案，落实安全保卫制度，如值班制度、夜间巡逻制度、开馆交接和闭管清场制度、消防管理制度等。展览保安服务要抓重点、抓关键，重点是防火、防盗，对易燃易爆展品和设施要重点加以保护，珍贵物品应有专人看管，消防设施和防爆装置要经常检查，确保良好有效。要加强对全体展览工作人员和广大观众的安全教育，做到人人重视安全工作，自觉遵守有关防火、防盗及人身安全的纪律和规定。在"非典"疫情出现之后，国内的会展组织机构也把公共卫生作为重要的安全保障内容，每次会展活动都会有相应的公共卫生安全预案并组织实施；重要领导和来宾的卫生及保健工作方案并组织实施；项目单位制订公共卫生管理方案，并对实施情况进行指导、检查、督促和管理。

（六）会展运输代理

国际展览运输协会对现场运输代理规定了出口代理的工作范围的业务标准，即联络、展前客户联系、单证办理及通知现场代理、最佳运输、现场支持、展后处理（回运）六个主要部分。现场运输代理的业务在很大程度上依赖于联络、海关手续、搬运操作三个方面的有效管理。为参展商和专业观众提供国内运输代理和海外运输代理等服务。

（七）展台搭建服务

主场搭建商负责展会展位的搭建，要同时对组展方和参展商负责。展示效果是观众对展会形象的第一印象，所以展位外观设计效果的好坏，在很大程度上会影响到展会的整体形象和参展商的展示效果，进而影响参展商的参展效果。参展商很多时候都把主场搭建商所提供的服务看成是展会组展工作服务的有机组成部分，因此组展方在选择主场搭建商时一定要全面考察，以确保其能够胜任展位搭建工作。

（八）票务、交通和旅游服务

参加展览的客商来自不同地区，为其解决票务（车票、机票、船票等）、住宿或旅游问题成为主办方最主要的一项增值服务。这些服务都可以委托专业公司来提供，主办方为其提供现场服务台，并实行监督。一般主办方可在统一提供的住宿地设置往返展览场馆的班车，提供免费服务，客商的满意度会大大提高。免费班车还可运送到人流较多的公交或其他客运站点，方便客商往返。

在展览活动为基础的同时，为展览活动的旅游属性服务，进行游、购、娱等外围活动以及外围观展游客的组织。

（九）媒体与广告服务

对参展商而言，展览是一个展示成果、交流信息的平台，除了展览现场的展台之外，主办方还应尽可能地为参展商提供更多样的宣传推广方式。首先，是对展览整体的宣传，主办方向参展商收集信息并收取一定费用，在有关报刊媒体上做统一的宣传。其次，是对参展商的个别宣传，由主办方提供宣传媒介，向参展商提供收费服务。如在展览会刊、行业杂志、社会媒体、相关网站上刊登有关报道或广告；在展览现场提供各类广告位置（广告旗、广告条幅、多媒体广告牌等）；在展览宣传资料上进行冠名宣传（门票、宣传单、出入证等）。总之，媒体与广告服务的种类是多种多样的，主办方根据每个展览的规模和特点有选择地进行该项服务。

（十）租赁服务

一般来说，展览现场的物品租赁是由主办方委托主场搭建商负责提供的，但也有个别展览由主办单位自行提供部分物品的租赁，如饮水机、打印机、复印机等。

（十一）后勤服务

餐饮、保洁是展览最基本的后勤服务保障工作，也是受到参展商和观众普遍关注的焦点问题。展览现场客流量大，午餐和饮用水一定要提前估算，并根据现场情况及时调配。因此，在选择餐饮供应商时对其资质和业务能力要有全面的了解，如果发生午餐、饮用水供应断档的尴尬局面，影响就大了。

保洁工作也是重中之重。除督促餐饮供应商保持餐饮区整洁之外，厕所卫生也是体现展览总体质量的因素之一，不可忽视。

任务3 展览期间相关活动策划

一、展会开幕式策划

（一）开幕的时间和地点

开幕式时间和地点要提前决定并尽早通知有关各方。在开幕时间的选择上要考虑当地的交通、气候及工作习惯等因素。一般来说，开幕式的时间不宜太早，开幕式的总体时间不宜太长，通常在半小时左右，一般不超过1小时。开幕式的地点一般安排在场馆前的广场上，这样可以方便开幕式结束后嘉宾、观众的参观活动。

（二）开幕式流程

展会开幕式多种多样，如鸣放礼炮、嘉宾剪彩、领导讲话等，方式不同其流程安排也有所区别。展会典型的开幕式程序是：由展会工作人员引领嘉宾至开幕式主席台就位，开幕式主持人（司仪）主持展会开幕式并介绍到会嘉宾，主持人请有关领导讲话，由某位重要嘉宾宣布展会正式开幕，主持人宣传开幕式结束并请各位嘉宾和展会观众参观。

开幕式的总体流程确定后，需注意以下事项。

（1）确定礼仪人员、接待人员的分工及任务。

（2）落实安全保卫人员的布局与分工。

（3）确定领导和嘉宾的排序并务必核准姓名、性别、职务。

（4）确定致词人、剪彩人的次序、站位。

（5）影响、乐队、礼炮等的检查、配合与协调。

（6）检查嘉宾签到簿、胸花和剪彩用品、礼品。

（7）妥善安排新闻媒体采访报道。

二、展会专题会议策划

在会展的相关活动中，专业研讨会、技术交流会、行业会议以及产品发布会等是最常见的会议活动。在策划专题会议时关键要掌握其策划要点。

（一）专业研讨会

专业研讨会是以研究行业发展动态为主要内容的会议。其策划要点有：

（1）会前简明扼要地向主要发言人与主持人介绍相关情况。

（2）事先设计好会议议程。

（3）邀请知名人士主持讨论会。

（4）使主要发言人明白主办方希望他们做什么。

（5）明确讨论会的性质。

（6）合理安排讨论会的时间。

（7）与主持人讨论议程要求。

（8）请演讲者向主办方提交演讲大纲。

（9）预先与主持人讨论参加专题讨论的最合适人数。

（10）计划最多的互动人数，准备分会场。

（11）预计要用到的演示设备。

（二）技术交流会

技术交流会是以技术的交流和传播为主要内容的会议。这类会议是与会者就大家共同关心的领域和能相互合作的事业，或是就未来伙伴关系的框架进行研讨。其策划要点有以下几点。

（1）合理安排会议时间。

（2）不要强挤时间来安排活动。

（3）事前当众宣传会议，这有利于会议登记。

（4）考虑设立“交流会”布告牌。

（5）如果合适，与会议主席或主持人一起为会议构建框架，推进会议的进行。

（6）考虑提供茶点。

（7）不要强迫人们参加讨论交流会。

（8）需考虑那些也许不属于交流范围内的人。

（三）行业会议

行业会议一般是由行业协会或者政府主管部门组织举办、行业协会会员或者该行业有关企业参加的会议。行业会议在策划上有三个方面的中心任务，即会议主题、会议的议题和会议的筹备方案。

（四）产品发布会

产品发布会是以发布新产品或者是有关新产品信息为主要内容的会议活动。在发布形式上可采用新闻发布会、记者招待会、政策说明会、技术（产品）推介会以及成果发布会等类型，这些类型在内容和形式上互相交叉，又各具特点。产品发布会的策划要点有以下几个方面。

（1）明确目的。

（2）确定口径和发布方式。

（3）选择时机。

（4）确定对象。

（5）发出邀请和接受报名。

（6）确定主持人和发言人。

（7）准备有关材料。

（8）布置会场。

（9）安排翻译。

（10）收集媒体的报道。

三、表演、比赛和评奖活动策划

在展会期间，为了活跃现场气氛，更好地吸引企业参展和观众参展，办展机构往往会结合展会的需要，举办一些与展会相关联的表演、比赛和评奖活动，以提升展会的效果。

（一）表演

表演是一项观赏性比较强的公众性活动，它吸引的观众一般较多，现场气氛也比较热烈。表演可以是参展企业自己组织的为提高其展出效果的表演，也可以是由办展机构组织的为整个展会和所有参展商及观众服务的表演，还有一些是行业协会和当地政府组织的表演。

从办展机构来说，可以组织策划的表演有两种：一种是与展览题材无关的表演，如演唱会和其他娱乐性表演活动等；另一种是与展览题材有关的表演，如某项展品的制作演示和操作演示等。

一般说来，在策划表演活动时要注意以下几点。

（1）提前策划　主办单位一定要明确所策划的表演是什么性质的表演。

（2）选择场地　除了开幕、闭幕式上的活动之外，各类与展会主题有关的表演安排在展出现场比较合适，具体选择什么地点，要根据实际情况而定。

（3）现场协调　为确保表演活动的顺利进行，展会主办者对表演现场的调度与服务十分重要。参展商与参展商之间有时也会因为对方的表演影响自己而发生纠纷，这时主办方要及时出面协调。

（4）安全防卫　由于是现场表演，往往会吸引大量的观众驻足观看，可能会带来一些安全隐患，这就要求展会的主办方要做好预案，确保表演活动顺利进行。

（二）比赛和评奖活动

为了吸引参观者，展会期间常常举办各种各样的比赛和评奖。展会期间的比赛、评奖活动有很多种，概括起来有三种类型：一是与展会现场表现有关，如评选最佳展台设计奖等；二是关于展会参展产品的比赛最为常见，这种比赛通常被称为“评奖”；三是较为独立的比赛和评奖活动，如论坛与颁奖晚会等。

组织策划比赛和评奖活动要注意以下要点。

（1）要成立评审委员会，指导评选工作，审定评选结果。

（2）评审团成员要有代表性，并且要向所有参赛者公开。

（3）要先制定比赛规则、评奖范围和公平合理的原则，并且要向所有参赛者公开发布活动方案。

（4）发动参展商与专业观众参加。

（5）邀请有关媒体参加报道会更有影响力。

（6）比赛评比的揭晓时间一般安排在展会结束的前一天。

（7）比赛评奖揭晓时一般需要组织一个公开的颁奖仪式。

（8）比赛资金来源于展会利润或企业赞助。

（9）比赛是公众参与性较高的项目，策划时要做好所能预测到的危机管理方案，以便使展会比赛顺利进行。

【知识链接】

1. 2016中国（广州）国际建筑装饰博览会（广州建博会）（http://cbd.no4e.com/）
2. 2016第十四届中国（广东）国际酒店用品展览会（http://www.hosfair.com）

广州建博会官网　　　　（广东）国际酒店用品展

任务4 会展危机管理与关系恢复

会展作为一种特殊的重大经贸活动，人流、物流、信息流高度集中，是一个对危机较为敏感的行业。会展危机是指影响参展商、专业观众、相关媒体等利益相关主体对会展的信心或扰乱会展组织者继续正常经营的非预期性事件。

学术界关于危机的定义有多种，概括起来看，危机是一个引起潜在负面影响的、具有不确定性的大事件，这种事件及其后果可能对组织、人员、产品、服务、资产和声誉造成巨大的损害。危机是指干扰事物自然流程的任何事件，而且相对应的组织和个人如果对其缺乏及时的认识和正确的处理，必将会对组织和个人造成一定的危害，其特征为突发性、危害性、紧迫性和不确定性。

会展危机是指在会展项目运作过程中所产生的对项目运作具有损害和威胁的事件。

一、会展危机类型

（一）社会因素

社会因素主要指经济秩序和社会宏观环境变化而导致的危机。如社会经济衰退、通货膨胀、游行示威、罢工罢市、政治动乱以及恐怖威胁和战争等。这些来自社会环境的巨大冲击，是任何办展者都难以抗拒的，故称之为不可控制的危机。但组展者如能从国家政府部门提前获得危机信息，则可采取应急措施把危害降到最低点。

（二）运作因素

运作因素是指在会展运作中，由于项目经理经营不善、管理不当；主办机构财力不足以及参会合作者严重失误或中途退出等诸多原因，造成管理失控和混乱，导致整个会展活动陷入困境。这些都属于运营层面上的管理危机，也有学者把它称为经营危机、财务危机和合作危机。值得指出的是，目前国内会展业中尚存在盲目扩张、恶性竞争、弄虚作假等错误倾向，这更是造成会展危机产生的祸根，应该引起高度重视和坚决根治。

（三）自然因素

自然因素是指由自然因素引起的危机，诸如突然发生地震、海啸、飓风或暴雨、洪水等重大自然灾害。这是办展者无法抗拒的，当属不可控制范畴。为了防范这些危机，办展者一定要加强与政府相关管理部门的信息沟通，一旦获悉需要及时做好预防和应对措施。

（四）安全因素

安全因素指除社会因素和自然因素外的安全问题，诸如政府活动安全需要的道路封锁、区域管制，工作粗心大意、场馆和展位施工所引起的危险、盗窃、抢劫、爆炸等，其他如突发性的食物中毒，观众参观时人流拥堵造成踩踏伤害以及火灾、漏电、严重污染等事故。

二、会展危机管理的基本程序

美国的墨菲法则认为：“凡事只要有可能出错，就一定会出错。”也有种说法叫：“大麻烦总是不期而至”。每一次的危机既包含了导致失败的根源，但同时也可能蕴含着引向成功的契机，善于扭转危机并捕捉潜在机会才是危机管理的精髓。从项目管理的角度出发，可将危机管理分成以下六个阶段。

第一阶段：危机的预防

危机管理专家蒂夫·芬科曾经说过：“警惕性是首要的，大部分危机是可以避免的。”危机预防也可称为“危机预警”，即展会组织者对可能发生的危机事件进行预测并根据各种危机发生的概率采取相应的预防措施。

第二阶段：行动准备

为展会危机管理做充分准备，建立危机管理团队，团队人员需熟悉业务流程，并能够制订具体、有针对性、可操作性强的危机管理行动计划，建立内外部沟通机制，开展模拟训练及建立重要关系等。其中加强办展机构内部沟通以及与外部建立良好的公共关系非常重要。

第三阶段：危机的识别

这个阶段的关键是找出危机的本质和真正的根源。这样才能帮助展会组织科学、合理、迅速的危机处理和援救方案。

第四阶段：危机的控制

这一阶段的危机管理，需要根据不同情况采取相应的措施，其基本原则是谋求展会的长远发展。

（1）安排专项人员从事危机的处理和控制工作，其他人继续展会的各项正常经营工作，不要让危机扰乱了展会的全局，将危机损失降至最低。

（2）及时、准确地向自己的组织成员及客户通报相关信息，避免其是从公众媒体上获得相关展会的最新消息。

（3）确定展览会主办方的发言人，该发言人应该十分熟悉该会展项目，以确保信息的权威和统一性。

第五阶段：危机的解决

解决危机，速度是关键，一旦时间蔓延到更广的范围便难以处理。因此，一旦危机发生，展览会组织者就应该迅速启动危机管理机制，并尽快采取正确的处理措施。

第六阶段：危机的提成/评估

危机管理的最后一个阶段就是总结经验教训，这也是危机管理的最高境界。如果一个展会组织者在危机管理的前五个阶段都处理得恰如其分的话，最后一个阶段就可以提供一个至少能弥补部分损失和纠正混乱的机会。

三、会展危机预防措施

（一）建立会展危机管理预警机制

会展危机管理重在事先预防，提前做好相应的准备工作。每个办展组织方都不希望有危机事件发生在自己举办的展会上，因此，就要有健全的危机预警机制，能够对可能出现的危机事件进行评价、预测，以便制订应对的危机方案。在会展危机的管理和预防上，展会组织者通常采用以下方式。

（1）成立会展危机管理委员会，对会展危机进行预测分析。

（2）制订会展危机应急计划/方案。

（3）事先和媒体建立联系。

（4）确定会展危机组织对外发言人。

（5）建立处理会展危机的关系网。

（6）做好会展组织内部人员培训工作。

（二）构建危机预控系统

建立危机预控系统的目的就是事先对可能发生的潜在危机，预先研究讨论，制订出应对的行动计划。有效的危机处理预案应建立在危机预警的基础上，确定各类会展危机处理的优先级别，以及相应的处理方法与程序，成立危机处理小组，进行人员培训和危机处理模拟训练等。在构建危机预控系统中，通常采用以下方式。

（1）组建“虚拟的”危机管理小组。

（2）制订危机预案。

（3）开展人员培训，危机管理全真模拟。

（4）落实危机预防措施岗位，防患于未然。

（三）会展保险的适当投入

从危机管理的角度而言，保险是一种风险转移，通过这一机制，众多的经济单位结合起来，建立保险基金，共同对付意外事故。面临风险的经济单位，通过参加保险，将风险转移给保险公司，以财务上的小额支出代替经济生活中的不确定性。

在会展危机管理中，适当投入保险可以补偿风险损失。主办方可以通过投保增加行业竞争力。特别对于一些规模小、成立时间短的会展企业而言，有了保险公司的承保，会给参展商以足够信心。研究表明，通过投保手段来转移风险，可以大大减少风险的种种不确定性。

四、会展危机处理及恢复对策

（一）建立会展危机管理的RCRR模式

会展作为一个对市场环境极为敏感的行业，总是要面临各种各样的风险，在给我们带来负面影响的同时，也给会展组织者带来了一个新的课题，即如何管理危机状态下的会展，在此提出“RCRR模式”的概念来应对会展危机，该模式包括以下四个主要阶段。

1. 预警（Readiness）

预警就是在危机发生前对可能发生的危机事件进行预测和预防。首先，需要树立正确的会展危机意识，它要求会展主体尤其是主办方、承办方和协办方自身要居安思危，预先考虑可能面临的各种困难局势，在人力、物力、财力和心理上未雨绸缪，并通过模拟危机情势来完善会展危机管理计划。其次，还应建立起灵敏、准确的信息监测系统，通过灵敏的嗅觉捕捉危机可能发生的蛛丝马迹，分析危机事件发生的概率，据此制定不同的预防措施。

2. 沟通（Communication）

组展商应与媒体之间建立良好的互动机制，一旦发生危机就要明确传播所需要的媒介，第一时间抢占信息源，避免错误信息的发布，同时要及时更正媒介传播内容与事实不符的信息。对于专业性比较强的展会而言，虽属于商业活动，但具有国际性的影响，具有外事工作的某些特点，还应注重与上级主管部门建立起有效的沟通系统，以求在危机处理过程中获得正确的政策指导和工作支持。

3. 反应（Response）

危机发生以后要杜绝惊慌失措，反应必须迅速、快捷，处理必须及时、正确，要按备用应对计划和实际情况采取应对措施。

4. 恢复（Recovery）

在危机持续期间和危机得到控制以后，办展机构要采取切实的挽救措施，使受危机影响的客户、展会、设施尽快恢复到危机发生前的正常状态。积极的工作态度有助于重塑公司在公众心目中的形象，重新获得公众的信任和支持。

（二）建立和健全会展危机管理机构

在危机预防阶段建立的“虚拟”危机管理小组在得到充分授权的前提下，可以立即转变为专门的危机管理机构，代表企业走到危机处理的第一线，行驶危机管理职能，确定危机处理策略，制订处理方案，采取各种危机处理措施。对规模较小的会展企业来说，危机管理小组成员不大可能全为专职，但必须至少有4~5人把主要精力投入会展危机处理事务中。危机管理小组的规模也和危机的严重程度有关。

危机管理小组主要来自本企业处理相关事务的各部门，这些人员对企业及该会展项目比较了解，处理危机时能快速进入角色，但有时也需要聘请若干个对会展危机处理具有专门知识和经验的外部人员，例如熟悉会展法律法规的律师。如上海新国际博览中心就聘有常年会展法律顾问，为许多展览会处理知识产权等法律纠纷，从而将一些会展危机消弭于萌芽状态，收到了很好的效果。

（三）制定科学的危机处理策略

1．以客户利益为首位

突发事件发生后，危机既已成为事实，展会组织者在控制危机时应更多关注客户的利益而不是自身的短期利益。因此，当危机发生时，展会组织者将参展商、现场观众尤其是广大参展商的利益置于首位，并明确传达自己处理事故的态度和参展商的责任心，有助于有效控制危机的进一步恶化。

2．掌握对外信息发布的主动权

当危机发生时，办展机构应立即成为第一消息来源中心，主动为参展商、观众和新闻媒体提供事故的背景资料，掌握对外发布信息的主动权，如果反应迟缓就会陷入被动。此外，不发布不准确的信息，不对危机的原因和结果做缺乏根据的猜测。所有敏感问题都必须经过决策层认真商讨后，由发言人对外发布信息，以统一危机处理的口径。

3．执行统一的行动方案

在展会危机管理中，无论是内部沟通还是外部沟通，都应该有利于执行统一的行动方案。具体表现在以下四个方面：在所有办展成员单位内，统一危机管理的意识；统一制定并执行展会危机预警机制；当危机发生后，统一处理危机的态度和对外沟通的口径；统一执行危机处理行动方案。

（四）实施会展危机公关

危机公关是危机公共关系的简称。危机公共关系是组织机构出现具有重大不利影响的危机事件时，组织领导人员和公关人员为缓解事态、消除危机而应立即展开的公共关系工作。它是现代企业必备的应变意识和能力。它准备处理的是发生危机事件的传播问题，其目的是通过公关的手段使危机的负面影响降到最低限度，并进而使组织摆脱危机，重新树立良好的信誉和形象。会展管理者可以充分借鉴这一策略来应对困境，迎接挑战，突破重围，走出危机。

会展危机不但具有突发性，更具有扩散性，会展企业尤其是知名企业和品牌展会，由于时刻被顾客、竞争对手、商业合作伙伴、政府监管部门、媒介等层面关注，如危机事件处理不当，极易引起轩然大波。当会展品牌遇到突如其来的信誉危机时，危机公关在化解市场危机、恢复品牌形象、稳定会展市场方面，具有广告等其他传播形式不可比拟的作用，这在实践中已经得到了验证。会展危机公关中应注意以下几点：要进行双向沟通；要强化媒体管理，正确发挥大众传媒的作用；做好防止危机传播的方案。

【拓展阅读】

— 11件事提高展览效果 —

优秀的参展商能够规避的风险往往和他们能够给出的高效优质的参展提案一样全面。他们有足够的权利对他们的老板和同事说“不”以避免错误的决定。并且他们也需要花费一定的心思来引导整个团队如何在参展时做出最佳选择。

1. 不求数量但求质量

就像把一个房子彻底装修成一个温馨的家一样，对于参展商来说，他们需要在现场悉心经营自己的展位才能吸引买家，促成最终的商业目的。这也意味着参展商应该选择“正确的展览”，设定可行的参展目标，挑选展会，培训和指导现场展位的员工，展位设计、采购、运输、搭建展位、拆除展位、展物撤出，发挥管理人员在展览当天的控场，并且要做好参展效果评估。不仅如此，每一次出展都需要一个事无巨细的“todo list”。所以一个优秀的参展商不会满世界撒网一样到处参展，因为这会消耗和分散他的精力甚至最后的效果和投入的成本不成正比。

2. 市场部与销售团队有效沟通

销售团队与市场总有一种断层的感觉。作为一个贸易展的经理，在销售和市场部之间打造一个高效畅通的沟通渠道是非常有必要的。销售团队需要从来访观众那里得到什么样的市场信息？你的员工如何帮你宣传和定位你们公司的品牌？如何去后续跟进现场获得的客户资源？哪个销售人员能够成为你现场展位最棒的员工？糟糕的内部沟通不会给你带来你想要的客户和参展效果。

3. 谨慎选择报价最低的供应商

很多人选择低廉的供应商因为这是一个简单又安全的做法。但是过于追求低价格、低成本可能会导致后续出现更昂贵的代价。优秀的展商清晰知道采用高品质的产品和服务会推高整个项目的成本，但却可以节省时间，让头疼的问题得到解决，展会的质量和成效也有所提高。优秀的展商知道如果选择高品质的供应商，表面上会让人觉得好像成本负担变大了，但是站在经营的角度来看，其带来的附加价值是无法比拟的。

4. 以展位成本或展览影响力来决定是否参展

展位成本以“每平方米展位所能达到的观众量”来计算，来确定是否适合自己参展，与此同时也要深度挖掘好现场的那块展位能够为自己带来的最高目标客流量，这样才能保证参展商可观的投资回报率。

5. 重点客户的后续跟进

优秀的展商会努力确保展前展中的事宜能紧跟计划进行。同样的，他们非常清楚大部分工作的价值来源新客户的累积。所以，他们不会把客户就晾在销售点处，反而会定期看看这些客户有没有后续跟进的工作，目标当然是配合销售团队看是否随时有洽谈签单的机会。

6. 布展也要加强推广

就像在第一条中提到过的一样，想要办好一次展览，参展方有很多细节都需要用心准备、用心完成。优秀的参展方不会忘记设计一套完整的展前展中推广计划来吸引足够多的观众。

7. 选出最适合参展现场的员工

优秀的展商就像是整个参展团队的指挥官，认真挑选适合出席现场活动的员工，保证每一个出色的员工都能发挥最大价值。工作努力，态度积极，对自己公司的产品，客户群和所在行业都了若指掌，这些都是一个理想的展位现场工作人员的特点。

8. 迎合趋势的推销手段

参展商或是他们的老板往往很抗拒被人催着做事，特别是老板催——例如要在参展现场派发最独特、最吸人眼球的小赠品。其实他们真正需要的是能和自己产品或是气质相配套的小礼物来吸引住他们的目标客户群体。出色的参展商会更理解设计什么样的小赠品能够“挠”到客户的笑点，而不仅仅是送一些追求时髦的小玩意儿。

9. 切忌展位现场内容太过“丰富”而失去焦点

比起在展位现场铺天盖地的堆满产品或是尽一切可能满足观众的需求，精心严选展位设计元素，控制产品摆放数量，根据客流量安排合适的活动才是更明智的选择。如果没有用心考虑好优先次序，那么你的展位很可能最后会变成一个跳蚤市场或是热闹的马戏团。

10. 让科技给展位添异彩

最新的科技产品往往能吸引人的眼球但是参展商也会顾虑是否会变成“给别人做嫁衣”，原本是想热销自己的产品，却把观众的眼球吸引到辅助的最新科技上。聪明的参展方只会利用新技术来增强客户的参与感和体验感，让科技元素和自己的展位、产品能够巧妙地融为一体。

11. 创意出展

展商其实都了解的是，贸易展也在年复一年的举办中不断变化和衍生，每次参展前他们都需要认真考虑存在的一些风险，和之前参展的效果差不多还是能够更成功地带来更多订单？因此有时展方也会请求他们的管理层能够容忍在试水新展览时存在失利的风险。当然，如果参展效果不佳的原因只是因为每次把自己的展位原封不动的“搬”到各个展会上，这样的失败就绝对不能容忍了。

【项目小结】

本项目简述了会展现场服务的三个阶段，会展现场管理的内容和措施。会展危机管理的基本程序，会展开幕式的注意事项，会展表演活动的策划要点。论述了会展现场配套服务的内容以及会展危机处理及恢复的策略。

【项目实训】

2007年10月，影片《M》的新闻发布会在韩国釜山海云台某宾馆举行，由于釜山电影节组委会的粗心安排，发布会比原定的时间足足推迟了30分钟才得以进行。作为釜山电影节参展电影，本次新闻发布会也是《M》在电影节的正式活动之一，200多名记者来到现场，而举行发布会的房间宽度只有5米左右，现场记者们一直要求主办方临时更换举行发布会的地点，最后在主办方的协调下，采用摄影记者们先拍照后退场，给摄像记者们留出空位的办法来妥协；这样一来，发布会就比原定的时间推迟了30分钟才得以举行。李明世导演和姜东元的出现引起现场混乱。最后，釜山电影节组委会委员长金东浩向现场媒体道歉称：“因为组委会的失误，今天给各位带来了诸多不便，在这里我向大家表示歉意。”

1．操作步骤

步骤一：学生分组为组委会和现场记者方。

步骤二：讨论组委会现场管理不力的原因和改进措施。

步骤三：两相对照，得出两方考虑的侧重点。

2．学生互评与教师点评

学生互评与教师点评表

大类指标	分类指标	分值	学生互评	教师点评	总分
分组	记者提问，组委方答疑	15			
	回答或提问的技巧	10			
现场管理	现场引导	15			
	观众流管理	15			
	场地	10			
	观众指南	10			
	名人出场布置	15			
	其他因素	10			

项目六

会展项目合同管理

【项目概述】

会展项目合同是为实施会展项目而订立和履行的合同。在会展项目策划、运作以及实施的过程中，项目合同管理应当是最基础的工程。无论是哪种形式的会展，都离不开各种各样的合同。

【项目学习目标】

1. 熟悉会展项目合同的基本格式和内容。
2. 掌握会展项目合同谈判的前期工作。
3. 掌握会展项目合同谈判的策略。
4. 掌握处置合同纠纷的程序和方法。

【案例导入】

— 上海世博会与加拿大举行参展合同谈判 —

2007年2月8日，上海世博会事务协调局参展事务谈判小组接待了加拿大国际展览主管、国际展览局加拿大代表团团长斯科特和加拿大国际展览处展厅规划与运作经理比森等一行。双方就加拿大参展的许多细节问题进行了深入交流，这也是上海世博会的首次参展合同谈判。

加拿大是最早确认参加上海世博会的国家之一，其6000平方米的国家馆将位于卢浦大桥以西的C区。加拿大代表精心准备了近200个问题，其中涉及的内容大到场馆的位置安排、设计要求、人流分布，小到水电煤气、金融服务和住宿设施的提供。更为细致的是，加方还考虑到无烟区的需求，特地询问加拿大国家馆禁止吸烟这一要求是否能得到主办方的支持。这些问题都得到了谈判小组细致的回答。

当加拿大代表询问关于住宿、交通等问题时，谈判小组承诺主办方会尽量满足各个层次参展人员和游客的需要，例如世博村会为参展人员提供不同标准但同样高质量的住宿。同时，上海各类酒店也会推出具有针对性的服务。考虑到世博会期间对酒店的市场需求会显著增加，有关方面会采取一定措施，比如设置上限来应对酒店房价的上涨。

据了解，一般国家和国际组织确认参加世博会要经过如下程序，首先接受邀请，确认参展，各参展方将任命展区总代表，随后总代表将提交《主题陈述》和《展区申请表》，之后将与组织者进行参展条件的技术磋商，然后将签署《参展合同》，最后进入建馆和布展阶段。

讨论（1）会展项目合同谈判前期工作要做哪些准备？

（2）在供应商项目合同谈判阶段应用哪些谈判策略？

分析 会展项目合同是为实施会展项目而订立和履行的合同。在会展项目策划、运作以及实施的过程中，项目合同管理应当是最基础的工程。无论是哪种形式的会展，都离不开各种各样的合同。

【知识链接】

上海世博展览馆是一座设施先进、布局合理、节能环保、交通便捷、功能齐全的高规格、现代化、国际性会展场地。上海东浩会展经营有限公司是专为上海世博展览馆在世博会期间的运营管理以及世博会后的开发利用而成立的公司。主要从事展览经营、会议、商务活动、文化娱乐和体育赛事的组织策划等相关业务，包括场馆租赁及管理、活动策划与组织、展台搭建、道具租赁、广告设计、制作、代理及发布等。

扫码进入上海世博展览馆

上海世博会宣传片

任务1 会展项目合同谈判

会展项目合同谈判是项目组织者签订有利自身合同的基础性工作，项目组织者应充分做好合同谈判的准备工作，通过合同谈判策略的应用，争取签订一个有利于自身目标实现的合同，以保护项目组织者的利益。

一、会展项目合同谈判的前期准备

谈判之前，一定要做好各方面的谈判准备工作。对于一个会展项目合同而言，一般都具有投资数额大、项目时间短的特点，而合同内容涉及技术、经济、管理、法律等广阔的领域，因此，合同谈判的准备工作必须精细。

（一）谈判的组织准备

谈判的组织准备包括谈判组的成员组成和谈判组长的人选。谈判组的成员以3~4个人为宜，在谈判的各个阶段所需人员的知识结构不同，也就是说，根据谈判的需要，可调换成员。但一般谈判组不宜少于2个人，1个人主谈，另1个人观察情况，考虑对策。谈判组长最主要的能力是业务能力与应变能力，他首先需要有较广泛的业务知识和项目经验，还要具有合同谈判的经验，能够透彻地分析合同实施中的情况，对于合同谈判中出现的问题能够及时做出判断，主动找出对策。

（二）谈判的方案准备

整理出谈判大纲，将希望解决的问题按先后顺序排列，对要解决的问题拟定目标，对谈判组成员强化训练。谈判前要准备好自己一方谈判使用的各种参考资料、准备提交给组织者的文件资料以及向对方索取各种文件资料的清单。

二、控制谈判进程

参加谈判的目的是想争取谈判成功，因而研究谈判的过程十分重要。不论何种谈判，大体上可分为五个阶段，即探测、报价、还价、拍板和签订合同。探测阶段指谈判初始，双方窥探对方意图的阶段；报价阶段则泛指谈判一方或双方向对手提出自己所有要求的阶段；还价阶段泛指双方为了自己的利益而争执的阶段；拍板阶段则是双方讨价还价之后，达成某种一致意见的阶段；签订合同阶段即将双方一致意见用书面形式固定下来的阶段。在谈判的各个阶段，谈判人员应采取不同的措施。

（一）设计探测策略

谈判人员在探测阶段的开局发言时应简明扼要地阐明本方立场，切忌谈判双方互相询问，互相猜测对方意图，只追究某一具体问题而不考虑谈判的总体效果。在发言内容上，集中谈论自己的想法，对于对方的发言，要仔细听取，然后发表自己的见解，提出问题希望对方澄清，切忌一开始就反驳争辩。讨价还价阶段，一般先由一方亮明自己的立场，另一方也会阐明自己的观点，这时谈判人员应保持心平气和的态度，这个阶段要避免不礼貌的提问，这样会引起对方反感甚至争吵，导致谈判破裂，谈判双方应努力求同存异，创造和谐气氛，逐步达成共识。

（二）营造互信环境

真正决定谈判发展前途的是谈判双方人员之间的信任感。参加一项工程，谈判的双方肩负着不同的使命、各自单位的经济利益，难免存有戒备之心，因此，为了使谈判取得成功，应采取坦诚和守信的态度。如首先直言表达一方的基本态度，同时表露出自己一方的希望，说明参加谈判的目的，打破对方存在的戒备心理。

（三）把握谈判过程

谈判过程瞬息万变，因而参与谈判的人员，特别是谈判组长应善于在关键时刻把握谈判方向，缓和谈判气氛。例如，某组展方在一项排水工程中标后与业主的谈判中就价格问题争议较大，这时组展方谈判负责人为缓和气氛，回顾了前一阶段谈判达成的共识，适时提出了双方的一致之处，都是为了尽快解决当地人民用水的困难，使双方觉得关系靠近了不少，最后在价格及工期问题上双方取得了共识。

三、谈判策略的运用

合同谈判是一个双方为了各自利益说服对方的过程，而实质上又是一个双方互相逐步让步、最后达成协议的过程，因而在谈判中要确定谈判的策略，以便最后取得成功。

（一）休会策略

当谈判遇到障碍时可采用休会策略。这类障碍通常表现为以下几类情况：双方各持己见，互不妥协，如果会谈继续进行，往往徒劳无益，而休会可使双方冷静；在一方对会议现状不满时，可以提出休会，以缓和紧张气氛；会谈中组织者提出了新的问题，如果供应商未考虑到应休会，以召集组员准备对策。

（二）成立专门小组策略

当谈判错综复杂、遇到各类障碍时，可以不必都在谈判桌上解决，而是设立若干职能小组，由双方的法律、经济、施工方面的人员进行面对面协商，提出可行性建议。

（三）私下个别接触策略

在双方谈判火药味较重时，可适时由一方提出休会，对棘手问题放一放，而在私下接触中去解决。这样做主要是为了消除双方之间谈判存在的不愉快，建立个人友谊，有助于下一步谈判的进行。当然，在共同的娱乐游玩中可以适时提出解决问题的几种思路，供组织者参考。

（四）声东击西策略

组展方在谈判的讨价还价阶段可以有意识地将会谈议题引导到对自己并不重要的问题上去，这样做可达到以下目的：在对组展方不重要的问题上做出让步，造成对方心理上的满足；分散对方注意力，转移对方视线；把某一议题的讨论暂时搁置起来，以便抽出时间来分析资料，研究对策。

（五）疲劳战术策略

在谈判中，经常会遇到趾高气扬的组织者，他们企图以此造成对方的心理压力，迫使其让步。对付这种类型的谈判对手，可以发挥组展方不怕疲劳、连续作战的过硬作风，不急于成交，避其锐气，待对方精疲力竭时再以守为攻，从而争取对组展方有利的谈判结果。

任务2 会展项目合同签订与效力

一、会展项目合同的概念与特征

（一）会展项目合同的概念

从法律角度讲，所有的市场交易行为都是一种合同行为。这里所指的会展项目合同特指“明确会展项目活动中不同法律主体之间权利义务之法律关系的书面协议”。虽然并非所有的合同行为都存在表征其存在，且用来明确交易各方权利义务的法律关系内容的书面合同或协议，但是大凡涉及复杂或重大交易事项，交易各方无不重视书面合同的作用。会展项目合同在《合同法》中没有规定，属于《合同法》规定的无名合同。

（二）会展项目合同的特征

1. 会展项目合同是无名合同

无名合同又称非典型合同，是指法律上尚未为其确定一定名称和特定调整规则的合同。会展合同在《合同法》中还没有单列，在我国还属于无名合同。根据合同自由原则，会展合同只要不违反法律禁止的规定和公序良俗，它就为法律所认可。会展合同产生以后，经过一定的实践发展，待其被广泛使用和理论上比较成熟后，则可以通过《合同法》予以调整，使之成为有名合同。

2. 会展项目合同是双务有偿合同

双务有偿合同是当事人双方互负对等给付义务的合同，即一方当事人愿意担负履行义务，旨在使他方当事人因此负有对等履行的义务，或者说，一方当事人所享有的权利即为他方当事人所负担的义务。在会展合同中约定会展组织者为会展项目提供服务，包括寻找场地，划分展台，展品运输、保管，提供交易机会，招徕观众等，另一方由此给付会展组织者费用等。

3. 会展项目合同是诺成合同

所谓诺成合同，即合同成立后，无须交付标的物即可生效的合同。例如，在展览合同中，会展组织者和参展商只要达成合意，参展商无须将参展的商品、信息等在会展举办前交付给展会组织者，展览合同即已生效，对双方有法定约束力，一旦一方毁约，则要承担民事责任。

4. 会展项目合同是要式合同

要式合同是指必须具备特定的形式和手续才能成立或生效的合同。我国对举办会展活动的管理采取审批制，需要主办者提交相关的申请文件，经过批准后对该会展予以登记。

二、会展项目合同的种类

会展项目合同的种类很多，如场馆租用合同、展具租赁合同、展会运输合同、展会搭建合同、展会仓储合同、展会供电、水、气、热力合同等，但其中最具专业特色也是最常见的合同有以下四种。

（一）参展合同

参展合同是界定展会主办单位和参展商权责问题的法律关系文本，在组展方和参展商之间签订。一份参展合同的要素如下。

1. 当事人身份

当事人身份是指展会主办单位和参展商双方的名称及基本资料，如地址、联系电话等。

2. 展会举行的时间和地点

总体来说，合同中列出的日期就是展会对观众开放的时间。布展和撤展的具体时间应该在参展书册中予以规定。如果这个展会用到不止一个场地，需把它们都列出来。

3. 举办展会的类型

定义展会的类型，如“只对专业观众开放”或者“对公众开放”，对附加的会议和其他活动也要予以简要说明。

4. 对展位的描述

尽可能详细描述展位的情况，需要考虑以下事项：展位的数量，提供楼层的总体规划图；展位面积大小，说明展位所占的实际面积；展位规格，对展位空间的描述；识别障碍物，如最低天花板的高度等。

5. 参展费用以及支付条件和日期

要明确规定价格和数量。如果需要预付款（或押金），要加以说明并且规定其金额、余款的数量及结清时间；如果有外国的参展商，可以要求其用本国货币支付以免遇到汇率问题；规定付款时间和方式；在合同中还要说明，如果参展商无法按期支付费用，主办方有权取消他们的参展资格。有很多办展单位在参展费用中附带了其他的服务项目，如运货、设备、地毯等，要在合同中予以说明。

6. 退展及退款规定

对各式各样的参展商退展及退款要清楚明确地规定，如押金是否都不退还；如果分期付款后发生了退展行为，这些款项是否要被没收；如果参展商取消部分展位，那么参展商又应该承担哪些责任。

7. 无法举办展会

这一条款也称作不可抗力条款。该条款的目的就是免除展会主办方由于无法控制的外因而使展会无法进行所带来的责任。展会主办方要清楚参展商已经支付的参展费的来龙去脉，以考虑全部或部分退还。

8．展出的产品或服务

对参展商可以展出和不能展出的产品作出规定。

9．责任、赔偿限定和保险

参展商丢失货物，展出材料受损或者由于各种原因受到人身伤害往往不可避免。主办单位要防止上述索赔要求以及由于参展商的行为而引起的任何其他问题。如果参展商受到了由于其自身原因引起的伤害，那么“免责”条款能够保护主办方的利益。

一般情况下，展会不会要求所有的参展商都参加保险，但要提醒他们，展会不担保他们工作人员、展品和展出材料等的安全，最好能投保有关险种。

10．展会对参展商的权力

下列情况一般应该在合同中指明为参展商违约，主办方有权解除合同或者不允许参展商继续参展：参展位转让或准备转让给另一方；申请破产或者宣告破产以及类似的情况；不遵守合同中的所有条款和条件以及会展的规章制度。

11．国家的有关法律、法规

要求参展商遵守国家的有关法律、法规。

12．其他条款

一般是合同的纠纷解决方式，如是否要求仲裁或者其他形式的解决方法；发生纠纷时，在哪个地方的法院审判。

13．合同双方当事人的签名、盖章

合同双方当事人的签名、盖章是合同的结尾部分，也就是落款部分。一般由合同当事人签名或盖章，并写明合同订立的时间。这是合同是否生效的重要环节。

需要注意的是，合同是为了在特定时间举行特定的活动而创立的一个工作文件。一份普遍使用的参展合同是不可取的，因为不同的情况需要不同的处理方式，合同应该在常规基础上进行再次审核，如果有必要的话，应该做适当的修改和调整。

另外还要了解，有一些事项在合同中注明，而有一些事项最好在参展手册或者其他一些沟通方法中提出。更明确地说，在刚刚建立合同时，对还不明确的规章制度或者一些需要改变的事项，最好在参展手册中写明。参展商合同可以涉及不同的文件，并把他们组合起来，成为合同的一部分。只要它们是合理的而且不改变合同的实质性条款，这些随后发布的规定同样具有约束力，如很多展会就把参展手册作为附件，具有合同条款效力。

（二）租馆合同

租馆合同在组展方和场地供应商（场馆）之间签订。场馆租用合同一般包括以下条款：规定展会布展进场、撤展的时间和展期；规定租用方使用的场地空间；场地租用的金额及支付条款；规定展会期间场馆设施的运作和管理（空调、照明、清洁等）；描述展会运作方案的程序；明确工作规范及国家相关法规；说明场馆设施、设备损坏的有关问题；其他条款；违约责任等。

（三）搭建承揽合同

搭建承揽合同在参展商和专业搭建公司之间签订（一般由展会主办方指定搭建公司）。如在组展方和专业搭建公司（展览服务公司）之间签订，即相当于外包合同。

搭建承揽合同的主要内容应包括：项目名称；项目内容及质量要求；工期；酬金及付款方

式；违约责任；解决合同纠纷的方式；双方公司盖章、代表签字；签约日期。

（四）外包服务项目合同

外包服务项目合同在租展方和展览服务公司之间签订，即组展方与搭建公司、物流公司、餐饮服务公司、速递公司、礼仪公司、花木出租公司、租车公司、保洁公司、保安公司等诸多为展览服务的有关专业公司签订协议，保证展会的各项服务到位。合同的条款依据展会的具体情况而定。

一般外包服务项目合同应该包括以下几个方面。

（1）界定当事人　这是至关重要的一条。

（2）对提供的服务做详细描述　应该使用会展业中常用的条款，如果有特殊要求，就需进一步明确具体要求。

（3）明确服务费用以及支付条件　双方要确定为参展商提供服务项目的收费标准以及支付条件。同时还必须解决预付保证金以及现场付款优惠规定方面的问题。主办方签订合同后要把服务商提供的各种服务项及收费标准详细告知参展商，以供参展商选择。

（4）主办方从服务中得到的利益　所有利益应该在书面协议中注明。

（5）要求保险项目　服务合同应要求服务供应商承担某些项目的责任并投保。

（6）要求服务商遵守各项法律和所有与会展有关的规章制度。

（7）免责与赔偿条款　服务供应商和会展主办方都必须为其疏漏行为负责，协议中要明确界定在伤害事件中的责任以及赔偿问题，如主办方一般要服务供应商免除其由于服务方的雇员、代理人或承包商导致的损失的责任。

（8）不可抗力问题　与服务商签订合同时，要考虑到最坏的情况。例如，由于不可抗力，服务方不能提供服务或者展会被迫取消时双方的责任。在这种情况下，规定共同承担损失是合理的。在协议中要详细说明如何分担、如何赔偿。在草拟服务协议时，要保证服务供应商的独立地位，同时展会主办方也要保证足够的控制，以确保各项工作以正确的方式展开。最好的方式是确立可衡量的结果导向的条款，而不是定义服务供应商如何工作。

（9）双方公司盖章、代表签字及签约日期。

三、会展项目合同的效力

合同的效力是指合同是否有效。有效合同对当事人具有法律约束力，国家法律予以保护，无效合同不具有法律约束力。《合同法》对合同的效力规定了四种情况：一是有效合同；二是无效合同；三是可变更、可撤销合同；四是效力待定合同。参展合同、租馆合同、搭建承揽合同、展览服务项目合同的效力都有以上四种情况。

（一）有效合同

依法成立的合同，自成立时生效。法律、行政法规规定应当办理批准、登记等手续生效的，依照其规定办理后生效。比如规定了时间期限的租馆合同、展览服务项目合同。

当事人对合同的效力可以约定附条件。附生效条件的合同，自条件成就时生效。附解除条件的合同，自条件成就时失效。当事人为自己的利益不正当地阻止条件成就的，视为条件已成就；不正当地促成条件成就的，视为条件不成就。

例如当事人对场馆租赁合同的效力可以约定附期限。附生效期限的合同，自期限届满时生效。附终止期限的合同，自期限届满时失效。

（二）无效合同

根据《合同法》规定，下列合同无效：一方以欺诈、胁迫的手段订立合同，损害国家利益；恶意串通，损害国家、集体或者第三人利益；以合法形式掩盖非法目的，如订立目的在于逃避法院的强制执行的赠予合同；损害社会公共利益；违反法律、行政法规的强制性规定。参展合同、租馆合同等都必须符合合同法的相关规定。

（三）可变更、可撤销合同

根据《合同法》规定，可变更、可撤销合同的种类有：因重大误解订立的合同；显失公平的合同；一方以欺诈、胁迫手段或者乘人之危订立的合同。

具有撤销权的当事人应在自知道或者应当知道撤销事由之日起1年内行使撤销权，当事人在这期间没有行使撤销权的，撤销权消失。具有撤销权的当事人知道撤销权事由后明确表示或者以自己的行为放弃撤销权的，撤销权也随之消失。

（四）效力待定合同

1．效力待定合同的概念

效力待定合同是指合同欠缺有效要件，能否发生当事人预期的法律效力尚未确定，只有经过有权人的追认，才能化欠缺有效要件为符合有效要件，发生当事人预期的法律效力；有权人在一定期限内不予追认，合同视为无效。

2．效力待定合同的类型

（1）限制民事行为能力人订立的合同　限制民事行为能力人订立的合同，经法定代理人追认后该合同有效，但纯获利益的合同或者与其年龄、智力、精神健康状况相适应而订立的合同，不必经法定代理人追认。相对人可以催告法定代理人在一个月内予以追认。法定代理人未作表示的，视为拒绝追认。合同被追认之前，善意相对人有撤销权利。撤销应当以通知的方式作出。

（2）无代理权人以他人名义订立的合同　行为人没有代理权、超越代理权或者代理权终止后以被代理人名义订立的合同，未经被代理人追认，对被代理人不发生效力，由行为人承担责任。但相对人有理由相信行为人有代理权的，该代理行为有效。例如：相对人见到行为人所持的有效的某法人的介绍信，则应认定行为人与该单位之间代理关系有效。相对人可以催告被代理人在一个月内予以追认。被代理人未作表示的，视为拒绝追认。合同被追认之前，善意相对人有撤销的权利。撤销应当以通知的方式作出，法人或其他组织的法定代表人、负责人超越权限订立的合同，除相对人知道或者应当知道其超越权限的以外，该代表行为有效。

（3）无处分权人处分他人财产的合同　无处分权人处分他人财产，经权利人追认或者无处分权人订立合同后取得处分权的，该合同有效。

四、会展项目合同的履行

（一）合同履行的概念

合同履行是指合同生效后，双方当事人按照合同规定的各项条款，完成各自承担的义务和实现各自享受的权利，使双方当事人的合同目的得以实现的行为。

（二）会展项目合同履行的原则

1. 会展项目合同当事人就有关合同内容约定不明确的确定规则

会展项目合同生效后，当事人就质量、价款或者报酬、履行地点等内容没有约定或者约定不明确的，可以协议补充；不能达成补充协议的，按照合同有关条款或者交易习惯确定，仍不能确定的，按下列规则确定：

展览搭建合同中质量要求不明确的，按照国家标准、行业标准履行；没有国家标准、行业标准的，按照通常标准或者符合合同目的的特定标准履行。

展览服务项目合同中价款或者报酬不明确的，按照订立合同时履行地的市场价格履行；依法应当执行政府价或者政府指导价的，按照规定履行。

租馆合同中履行地点不明确，给付货币的，在接受货币一方所在地履行；交付不动产的，在不动产所在地履行；其他标的，在履行义务一方所在地履行。

履行期限不明确的，债务人可以随时履行，债权人也可以随时要求履行，但应给对方必要的准备时间。

履行方式不明确的，按照有利于实现合同目的的方式履行。

履行费用的负担不明确的，由履行义务一方承担。

2. 执行政府定价或者政府指导价的会展项目合同的价格履行规则

执行政府定价或者政府指导价的，在会展项目合同约定的交付期限内政府价格调整时，按照交付时的价格计价。逾期交付标的物的，遇价格上涨时，按照原价格执行；价格下降时，按照新价格执行。逾期提取标的物或者逾期付款的，遇价格上涨时，按照新价格执行，价格下降时，按照原价格执行。

任务3 会展项目合同纠纷的处置

一、认识会展项目合同纠纷

（一）会展项目合同纠纷的概念

会展项目合同纠纷是指在会展项目合同约定的经济交往过程中，当事人对相关问题产生分歧而向有关部门或司法机关提请处理所引起的争议。

（二）会展项目合同纠纷的成因

产生会展项目合同纠纷的情形是多种多样的，但究其原因，主要有以下两个方面。

1. 主观方面

例如，参展合同签订后，一方当事人可能会因为标的物的数量、质量、价格以及合同履行的时间、地点等原因，主观上不愿履行或不愿完全履行合同；也可能因为签订合同时考虑不周，致使合同在履行中出现履行地点不清，质量、价格不明确等情况，如双方当事人协商不能达成一致时，就会引起纠纷。

2. 客观方面

例如，展览搭建承揽合同从订立到履行完毕，除即时清洁的以外，往往要经过一个较长的过程，其间发生的客观原因可能导致合同无法履行。如因发生不可抗力，使合同不能全部或部分履行；因第三人的原因，无法如约按期、按时交付标的物等。

（三）会展项目合同纠纷的种类

（1）经济合同纠纷　经济合同纠纷包括购销合同、工程承包合同、中外合资合同、中外合作合同、担保合同、人身保险合同等纠纷。尤其是在一些国际性的大型展会中，此类纠纷较多。

（2）经济损害赔偿纠纷　经济损害赔偿纠纷包括产品责任损害赔偿及其他损害赔偿纠纷。

（3）经济权属纠纷　经济权属纠纷包括专利权属纠纷、商标权属纠纷、其他权属纠纷等。

（4）企业破产纠纷　企业破产纠纷包括全民所有制企业破产纠纷及非全民所有制企业破产纠纷。

二、会展项目合同纠纷的解决程序

会展项目合同纠纷产生后，当事人可以协商解决，或者请第三人调解解决。当事人不愿通过协商、调解解决或者协商、调解不成的，可以依据双方约定的仲裁条款或者事后达成的书面仲裁协议，向仲裁机构申请仲裁。当事人没有订立仲裁协议，或者仲裁协议无效的，可以向人民法院起诉。例如，广州交易博览会就会在现场设立专门的协调部门，以防发生纠纷时及时采取应对措施。

三、会展项目合同纠纷处置方法

（一）经济纠纷的调解

1. 调解的概念

调解是指经过第三者的排解疏导、说服教育，促使发生纠纷的双方当事人依法自愿达成协议，解决纠纷的一种活动。

2. 调解的种类

中国当代的调解制度是指人民政权的调解制度，它已形成了一个调解体系，主要有以下四种。

（1）人民调解　即民间调解，是人民调解委员会对民间纠纷的调解，属于诉讼外调解。

（2）法院调解　这是人民法院对受理的民事案件，经济纠纷案件进行的调解，是诉讼内的调解。对于婚姻案件，诉讼内调解是必经的程序。至于其他民事案件是否进行调解，取决于当事人的自愿，调解不是必经程序。法院调解书与判决书有同等效力。

（3）行政调解　它分为两种：一是基层人民政府，即乡、镇人民政府对一般民间纠纷的调解，这是诉讼外调解。二是国家行政机关依照法律规定对某些特定民事纠纷或经济纠纷或劳动纠纷等进行的调解，这些都是诉讼外调解。

（4）仲裁调解　即仲裁机构对受理的仲裁案件进行的调解，调解不成即行裁决，这也是诉讼外的调解。

（二）经济仲裁

1. 经济仲裁的概念和原则

（1）经济仲裁的概念　仲裁也称公断，是指双方当事人之间发生纠纷时，由第三人做出对双方当事人都具有约束力裁决的活动。

经济仲裁是指公民、法人和其他组织之间因合同或其他财产权益发生纠纷，由仲裁机构为解决当事人双方的争议而做出裁决的活动。经济仲裁在我国首先是为了适应对外贸易的发展需要而出现的。1956年，中国国际贸易促进委员会制定了对外贸易仲裁程序规则，并同时成立了对外贸易仲裁委员会。在此之后，我国又相继出台了有关海事、经济合同、技术合同等有关的仲裁法律法规。1994年8月31日，第八届全国人大常委会第九次会议通过了《仲裁法》，于1995年9月1日起施行。

（2）经济仲裁原则　按照《仲裁法》的规定，当事人采用仲裁方法解决纠纷应当遵循以下原则。

① 自愿原则：经济仲裁实现自愿原则，当事人采用仲裁方式解决纠纷，应当双方自愿达成仲裁协议。没有仲裁协议，一方申请仲裁的，仲裁委员会不予受理。当事人达成仲裁协议，一方向人民法院起诉的，人民法院不予受理，但仲裁协议无效的除外。

② 以事实为依据、以法律为准绳原则：仲裁机构对受理的经济纠纷案件，应当在查清事实的基础上，按照法律公平合理地解决纠纷，以使裁决具有法律效力。

③ 仲裁独立原则：仲裁机构的仲裁依法独立进行，不受行政机关、社会团体和个人的干涉。

④ 一裁终局制原则：仲裁实行一裁终局制度。裁决做出后，当事人就同一纠纷再申请仲裁或向人民法院起诉的，仲裁委员会或者人民法院不予受理。裁决被人民法院依法裁定撤销或者不予执行的，当事人就该纠纷可以根据双方重新达成的仲裁协议申请仲裁，也可以向人民法院起诉。仲裁不实行级别管辖或地域管辖。

2. 仲裁机构

仲裁机构包括仲裁委员会和仲裁协会。

（1）仲裁委员会　设立仲裁委员会，应当经省、自治区、直辖市的司法行政部门登记。仲裁委员会不按行政区划层层设立，由设立仲裁委员会的市人民政府组织有关部门和商会统一组建。仲裁委员会独立于行政机关，与行政机关没有隶属关系。仲裁委员会之间也没有隶属关系。

（2）仲裁协会　中国仲裁协会是社会团体法人。仲裁委员会是中国仲裁协会的会员。中国仲裁协会是仲裁委员会的自律性组织。中国仲裁协会的章程由全国会员大会制定。根据章程，中国仲裁协会对仲裁委员会及其组成人员、仲裁员的违纪行为进行监督。

3. 仲裁协议

仲裁协议是指合同中订立的仲裁条款和以其他书面方式在纠纷发生前或者纠纷发生后达成的请求仲裁的协议。根据《仲裁法》规定，仲裁协议必须采用书面形式，口头的仲裁协议无效。

（1）仲裁协议的效力　仲裁协议应当具有下列内容：请求仲裁的意思表示；仲裁事项；选定的仲裁委员会。有下列情形之一的，仲裁协议无效：约定的仲裁事项超出法律规定的仲裁范围的；无民事行为能力人或者限制民事行为能力人订立的仲裁协议；一方采取胁迫手段，迫使对方订立仲裁协议的。仲裁协议对仲裁事项或者仲裁委员会没有约定或者约定不明确的，当事人可以补充协议；达不成补充协议的，仲裁协议无效。仲裁协议具有相对独立性，合同的变更、解除、终止或者无效，不影响仲裁协议的效力。当事人对仲裁协议的效力有异议的，可以请求仲裁委员会做出决定或者请求人民法院做出裁定。一方请求仲裁委员会做出决定，另一方请求人民法院做出裁定的，由人民法院裁定。当事人对仲裁协议的效力有异议的，应当在仲裁庭首次开庭前提出。

（2）仲裁协议的作用　仲裁协议的作用主要是指其法律效力，具体如下。

① 约束各方当事人的行为：仲裁协议之所以对各方当事人具有法律的效力，是因为国家通过立法和缔结国际条约赋予了仲裁协议应有的法律效力。不然，除非仲裁协议的各方当事人能够自觉履行协议，否则仲裁协议无任何作用。仲裁协议的这种法律效力对当事人的约束主要体现在各方当事人依法签订仲裁协议后，就表示放弃了将特定争议事项向法院提起诉讼解决的权利。协议的任何一方在发生争议时都不得向法院提起诉讼，而必须用仲裁的方式解决争议。如果一方向法院提起诉讼，另一方则可依仲裁协议，要求法院终止司法诉讼程序；首先申请仲裁的一方如果没有按仲裁协议的规定事项、指定的仲裁机构、地区申请仲裁，另一方可依仲裁协议要求已受理的仲裁机构撤销受理，由仲裁协议中指定的仲裁机构和事项、地点进行仲裁。

② 授予仲裁机构管辖权：仲裁协议是仲裁机构受理争议案件的依据，如没有仲裁协会或仲裁协议无效，仲裁机构就没有权利受理该项争议。仲裁协议予以仲裁机构的管辖权体现在两方面：一是仲裁协议规定了仲裁机构的受案范围，仲裁机构只能受理当事人在仲裁协议中约定提出的争议事项。二是发生了争议，任何一方当事人提请仲裁后，另一方在规定的期限内不指定仲裁员、不答辩或不出庭应诉的，仲裁机构有权代为指定仲裁员，仲裁庭有权进行缺席审理并做出缺席裁决。

③ 排除法院的管辖权：由于法律赋予仲裁协议具有排除法院司法管辖的效力，因此有一方当事人不遵照仲裁协议中的约定，拒不参与仲裁，而是向法院提出司法诉讼时，另一方当事人可以根据仲裁协议予以抗辩，请求法院予以撤案。此时法院必须撤案。而且仲裁机构根据当事人的约定或适用的仲裁规则的规定，做出的裁决是终局裁决，任何一方当事人不得向法院提出上诉、申诉，不得要求变更管辖。除非裁决出现了《仲裁法》第五十八条规定的情况，法院才能撤销裁决。

④ 使仲裁裁决具有强制执行力：一项有效的仲裁协议是强制执行仲裁裁决的前提。《仲裁法》第六十二条规定："一方当事人不履行的，另一方当事人可以依照民事诉讼法的有关规定向人民法院申请执行。"即当一方当事人不履行仲裁裁决时，另一方当事人可以凭有效的仲裁协议、仲裁裁决向法院申请强制执行。而《仲裁法》第十七条规定的无效仲裁协议，则是法院拒绝承认和执行裁决的理由之一。此外，当事人也有权以不存在有效的仲裁协议为由拒绝执行裁决，并对法院的强制执行程序提出抗辩。可见仲裁裁决能否执行，前提是仲裁协议是否有效。

4．仲裁程序

我国《仲裁法》对程序问题除规定其必不可少的环节外，其他细节问题均留给仲裁委员会自行规定。

（1）申请和受理　当事人申请仲裁的条件：有仲裁协议；有具体的仲裁请求和事实、理由；属于仲裁委员会的受理范围。当事人申请仲裁，应当向仲裁委员会递交仲裁协议、仲裁申请书及副本。仲裁委员会收到仲裁申请书之日起5日内，认为符合受理条件的，应当受理，并通知当事人；认为不符合受理条件的，应当书面通知当事人不予受理，并说明理由。仲裁委员会受理仲裁申请后，应当在仲裁规则规定的期限内将仲裁规则和仲裁员名册送达申请人，并将仲裁申请书副本和仲裁规则、仲裁员名册送达被申请人。

仲裁庭由当事人约定组成，可以由3名或1名仲裁员组成。当事人约定由3名仲裁员组成仲裁庭的，应当各自选定或各自委托仲裁委员会主任指定一名仲裁员，第3名仲裁员由当事人共同选定或者共同委托仲裁委员会主任指定。第3名仲裁员是首席仲裁员。当事人约定由1名仲裁员成立仲裁庭的，应当由当事人共同选定或者共同委托仲裁委员会主任指定仲裁员。

（2）开庭和和解、调解与裁决

① 开庭：仲裁应当开庭进行。如果当事人协议不开庭的，仲裁庭可以根据仲裁申请书、答辩书以及其他证据材料做出裁决，仲裁不公开进行。如当事人协议公开的，可以公开进行，但涉及国家机密的除外。仲裁应当将开庭情况记入笔录。笔录由仲裁员、记录人员签名或者盖章。

② 和解、调解与裁决：当事人申请仲裁后，可以自行和解。达成和解协议的，可以请求仲裁庭根据和解协议做出裁决书，也可以撤回仲裁申请。和解撤回仲裁申请后又反悔的，当事人可以根据仲裁协议申请仲裁。裁决应当按多数仲裁员的意见做出，少数仲裁员的不同意见可以记入笔录。当仲裁不能形成多数意见时，裁决应当按照首席仲裁员的意见做出，裁决书自做出之日起发生法律效力。

5．申请撤销裁决

当事人提出证据证明裁决有下列情形之一的，可以向仲裁委员会所在地的中级人民法院申请撤销裁决：没有仲裁协议的；裁决的事项不属于仲裁协议的范围或者仲裁委员会无权仲裁的；仲裁庭的组成或者仲裁的程序违反法定程序的；裁决所根据的证据是伪造的；对方当事人隐瞒了足以影响公正裁决的证据的；仲裁员在仲裁该案时有索贿受贿、徇私舞弊、枉法裁决行为的。

6．仲裁裁决的执行

当事人应当履行裁决。一方当事人不履行的，另一方当事人可依照《民事诉讼法》的有关定向人民法院申请执行。受申请的人民法院应当执行。

申请人提出证据证明裁决有下列情形之一的，经人民法院组成合议庭审查核实，裁定不予执行：当事人在合同中没有订立仲裁条款或者事后没有达成书面仲裁协议的；裁决的事项不属于仲裁协议的范围或者仲裁机关无权仲裁的；仲裁庭的组成或者仲裁的程序违反法定程序的；认定事实的主要证据不足的；适用法律确有错误的；仲裁员在仲裁该案时有索贿受贿、徇私舞弊、枉法裁决行为的。

一方当事人申请执行裁决，另一方当事人申请撤销裁决的，应当裁定中止执行。人民法院裁定撤销裁决的，应当裁定终结执行。撤销裁决的申请被裁定驳回的，人民法院应当裁定恢复执行。

7．涉外仲裁的特别规定

涉外经济仲裁是指中国的公民、法人或其他经济组织与外国的公民、法人或其他经济组织在经济交往中发生合同纠纷和其他财产权益纠纷时，根据双方当事人依据合同中的仲裁条款或者争议发生后达成的书面仲裁协议，自愿提交中国仲裁机构或者其他仲裁机构仲裁，从而解决双方经济争议的一种法律形式。

我国《仲裁法》规定，涉外经济贸易、运输和海事中发生纠纷的仲裁适用该法有关规定。

（三）会展项目合同诉讼

会展项目合同的诉讼属于经济诉讼的范畴，相关诉讼原则及程序均依照经济诉讼。

1．经济诉讼的概念

经济诉讼也称经济审判，是指人民法院在当事人和其他诉讼参与人的参加下，按照法定程序审理经济纠纷案件并做出裁判的活动。我国依法行使国家经济审判权的专门机关，是按照《人民法院组织法》建立的各级人民法院和专门人民法院。审理经济纠纷案件所适用的法律，包括我国国内法，也可以根据我国法律规定，适用外国和我国缔结或参加的国际条约、国际惯例。经济诉讼是运用司法方法解决经济纠纷。它有助稳定社会经济秩序，维护当事人的合法权益，促进经济健康有序发展，为改革开放服务，为发展社会生产力服务。参展合同、租馆合同、搭建承揽合同、展览服务项目合同一旦发生诉讼情况，都可依循法律的相关规定进行诉讼。

2．经济诉讼的原则

经济诉讼的原则是指人民法院与当事人以及其他诉讼参与人在经济诉讼活动中所必须遵循的基本准则。

（1）以事实为依据，以法律为准绳原则　人民法院审理各类案件，都必须从实际出发，实事求是，查清案件的事实真相，并以此作为定案的依据。以法律为准绳指人民法院在查清事实的基础上，必须严格按照法律的规定分清是非，确定当事人的法律责任。

（2）公开审判原则　除合议庭评议案件外，人民法院审理案件和宣告判决，都必须公开进行，允许公民旁听，允许新闻记者采访和报道。但涉及国家秘密的案件不公开审理。涉及商业秘密的案件，当事人申请不公开审理的，也可以不公开审理。

（3）当事人诉讼权利平等原则　当事人不论其社会地位、经济状况如何，无论公民、法人还是其他经济组织，也不论原告还是被告，在诉讼中都享有平等的诉讼权利。同时人民法院有义务保障当事人在诉讼中平等行使一切诉讼权利。

（4）回避原则　审判人员、书记员、翻译人员、鉴定人和勘验人与案件有利害关系或其他关系，可能影响案件公正处理时，应当退出对案件的审理，以保证人民法院裁判结果的公正性。

（5）辩论原则　在人民法院主持下，当事人可以就案件事实和所争议的问题，各自陈述自己的主张和根据，互相进行反驳和答辩，以维护自己的合法权益。

（6）合议原则　人民法院审理经济纠纷案件，除简单的案件由审判员一人独任审判外，应当组成合议。

3．经济纠纷案件的管辖

经济纠纷案件的管辖是指各级人民法院之间和同级人民法院之间受理第一审经济纠纷案件

的分工和权限范围。经济诉讼的管辖适用《民事诉讼法》的规定。

（1）级别管辖　经济纠纷案件的级别管辖是指各级人民法院之间受理第一审案件的分工和权限。基层人民法院（即各区、县人民法院）管辖一般的案件，即法律没有特别规定的第一审案件。中级人民法院管辖以下3类经济纠纷案件：重大涉外案件；在本辖区有重大影响的案件；最高人民法院确定由中级人民法院管辖的案件。

高级人民法院管辖在本辖区有重大影响的第一审民事案件。

（2）地域管辖　地域管辖是指同级人民法院之间受理第一审案件的分工和权限。根据不同情况，地域管辖又分为一般地域管辖、特殊地域管辖、专属管辖、共同管辖和协议管辖等。

① 一般地域管辖：第一经济纠纷案件由被告住所地人民法院管辖。被告住所地与经常居住地不一致的，由经常居住地人民法院管辖。住所地指公民的户籍所在地；经常居住地指公民离开住所地连续居住1年以上的地方。

② 特殊地域管辖：因合同纠纷引起的案件，由被告住所地或者合同履行地人民法院管辖。

③ 专属管辖：根据某些经济纠纷案件的特点，法律规定某些案件必须由特定的人民法院管辖，其他法院无权管辖，也不许当事人协议变更管辖，这就是专属管辖。以下两类经济纠纷案件按专属管辖办理：因不动产纠纷提起的诉讼，由不动产所在地人民法院管辖；因继承遗产纠纷引起的诉讼，由被继承人死亡时住所地或者主要遗产所在地人民法院管辖。

④ 共同管辖：对于某些经济纠纷案件，两个或两个以上的人民法院都有管辖权，为了防止几个法院同时受理同一案件，《民事诉讼法》规定，原告可以选择其中一个人民法院起诉；原告向两个以上有管辖权的人民法院起诉的，由最先立案的人民法院受理。

⑤ 协议管辖：合同双方可以在书面合同中协议选择被告住所地、合同履行地合同签订地、原告住所地、标的物所在地人民法院管辖，但不得违反对级别管辖和专属管辖的规定。

⑥ 指定管辖、移送管辖和管辖权的转移：指定管辖是指上级人民法院将某一案件指定下级人民法院管辖。主要适用于以下两种情况：一是有管辖权的人民法院由于特殊原因而不能行使管辖权，如该法院辖区发生了战争、火灾、地震等不可抗力事件，使人民法院无法进行正常的审判工作，而必须由上级人民法院指定管辖；二是人民法院之间因管辖权发生争议，由争议双方协商解决，协商解决不了，报请它们共同的上级人民法院指定管辖。转移管辖是指人民法院发现受理的案件不属于本院管辖时，应当移送有管辖权的人民法院，受移送的人民法院应当受理。但如果受移送的人民法院认为移送来的案件依照规定也不属于本院管辖的，应当报请上级人民法院指定管辖，不得再自行移送。管辖权的转移是指《民事诉讼法》所规定的上级人民法院有权审理下级人民法院管辖的第一审经济纠纷案件，也可以把本院管辖的第一审经济纠纷案件交下级人民法院审理的情况。

4. 会展项目合同纠纷的诉讼程序

（1）第一审普通程序　人民法院审理第一审经济纠纷案件通常适用普通程序。它包括起诉、人民法院受理和审理前的准备、开庭审理和判决、举证责任、证据和鉴定等。

① 起诉：起诉是指公民、法人或者其他组织因其合法权益受到侵害或者与他人发生财产权益争议，以原告身份请求法院保护其经济权益的诉讼活动。提起经济诉讼，要符合下列条件：原告是与本案有直接利害关系的公民、法人和其他组织；有明确的被告；有具体的诉讼请

求和事实、理由；属于人民法院受理民事诉讼的范围和受诉人民法院管辖。公民、法人或者其他组织向人民法院起诉，一般应当递交书面起诉状，并按被告人数提交起诉状副本。起诉状应当记明以下事项：当事人的姓名、年龄、民族、职业、工作单位和住所，法人或者其他组织的名称、住所和法定代表人的姓名、职务；诉讼请求和所依据的事实和理由；证据和证据来源，证人的姓名和住所。

② 人民法院受理和审理前的准备：人民法院对起诉进行审查并决定受理案件后，审理前的准备工作包括以下几点。

A．依法发送起诉状、答辩状：人民法院立案起5日内向被告发送起诉状副本；被告收到起诉状副本后15日内提出答辩状，被告不提交答辩状的，不影响法院的审理；人民法院收到答辩状5日内将答辩状副本发送原告。

B．告知当事人有关诉讼权利和义务：人民法院决定受理的案件，应当在受理案件通知书和应诉通知书中告知当事人有关诉讼权利和义务。

C．依法组成合议庭：合议庭组成人员确定后，应当在3日内告知当事人，如果在受理、立案后就已确定了合议庭组成人员的，也可以将合议庭组成人员在受理案件通知书和应诉通知书中连同当事人诉讼权利义务一并告知当事人。

D．审核诉讼材料，调查、收集必要的证据：合议庭组成人员要认真审核诉讼材料。通过阅卷，找出双方当事人争议的焦点，明确下一步需要收集哪些必要的证据和需要进一步查证的内容，以便做好其他准备工作。

E．依法追加当事人：根据《民事诉讼法》第一百一十九条规定，必须共同进行诉讼的当事人没有参加诉讼的，人民法院应当通知其参加诉讼，追加为当事人。追加当事人既可以由当事人提出申请，也可以由人民法院依职权主动追加。

③ 开庭审理和判决：开庭审理是指人民法院在当事人和其他诉讼参与人员参与下，对案件进行实体审理的诉讼活动过程。这包括准备开庭、法庭调查、法庭辩论、法庭调解、合议庭评议、宣判等程序。

④ 举证责任、证据和鉴定：举证责任是指当事人对自己提出的主张有责任提供证据，这就是“谁主张谁举证”的原则。证据有以下7种：书证；物证；视听资料；证人证言；当事人的陈述；鉴定结论；勘验笔录。证据应当在法庭上出示，并由当事人相互质证；但对涉及国家秘密、商业秘密和个人隐私的证据应当保密，需要在法庭上出示的，不得在公开开庭时出示。专门问题需要专门的部门作鉴定。人民法院对专门性问题认为需要鉴定的，应当交由法定鉴定部门鉴定；没有法定鉴定部门的，由人民法院指定的鉴定部门鉴定。在证据可能灭失或者以后难以取得的情况下，诉讼参加人可以向人民法院申请保全证据，人民法院也可以主动采取保全措施。

（2）第二审程序　当事人不服一审人民法院的民事判决或者裁定，可以依法向上一级人民法院提出上诉。不服判决的上诉期是15日，不服裁定的上诉期是10日。当事人提起上诉，应当向做出一审裁判的法院递上诉状；当事人直接向二审法院递交上诉状的，二审法院应当在5日内将上诉状移交原审人民法院。上诉人应按对方当事人的人数提交上诉状副本。第一审法院收到上诉状后，应当5日内将上诉状副本送达对方当事人，对方当事人在收到上诉状之日起15日内提交答辩状。第一审法院收到上诉状、答辩状后，应当在5日内连同全部案卷和证据，报送第二审法院。对于上诉案件，第二审法院应当组成合议庭审理。经过审理，根据不同情形，分别做出处理。

（3）再审程序　当事人对已经发生法律效力的民事判决、裁定，认为确有错误的，可以向原审人民法院或者上一级人民法院申请再审。当事人申请再审，应当在判决、裁定发生法律效力后的2年内提出。申请再审，应当提交再审申请书，并附原裁决文书；有新证据的，应当一并提交。当事人申请再审不影响原判决的执行。

（4）执行程序　判决、裁定发生法律效力后，债务人未按照判决或裁定所确定的期间履行债务的，债权人可以申请人民法院强制执行。

① 执行案件的管辖：发生法律效力的民事判决、裁定，以及刑事判决、裁定中的财产部分，由第一审人民法院执行。法律规定由人民法院执行的其他法律文书，由被执行人住所或者被执行的财产所在地人民法院执行。

② 申请执行的期限：申请执行的期限，双方或者一方当事人是公民的为1年，双方是法人或者其他组织的为6个月。

【拓展阅读】

—签订展会合同注意事项—

展会中很多中小参展企业，在处理展览合同的时候碰到了很多问题，我们整理了一些不合理的条款，跟大家探讨一下有关合同中不合理的条款。

比较极端的例子有：

（1）若不按期付款，组织者有权将场地租给其他展出者，并且不退已交款。

（2）若组织者的费用增加，组织者可以提高原定租金标准，并通知展出者。展出者仍须执行原合同中的其他条款。

（3）组织者有权决定展出者的位置，改变展览会的整体布局、展出者的位置及面积。展出者不得提出异议。

（4）若在开幕前一天上午八点，展出者仍未开始布置，组织者可以将此场地转租给其他展出者，原展出者仍需支付全部款项，以及所造成的损失。

（5）组织者可以更改展览会的日期或地点。展出者在此情况下，仍须参展。

（6）不论何时、何种原因，组织者对展出者的物品丢失及损坏均不承担责任。

（7）组织者可以更改合同条款，并对展出者同样具有约束力等。

这些条款对组织者很有利，但是损害了展出者的利益。因此，展出者一定要在签字前认真阅读合同条款，要求删除或更改不合理的条款。如果合同条款违反有关法律规定，那么合同条款对签约方便不具备约束力。此外，行业协会制定的行为规范对组织者也有约束力。可以根据法律和行规与组织者争取公平合理的参展条件。

从另一方面看，展出者的问题也比较多，展出者不遵守合同的现象也时常发生。因此，许多组织者希望寻找有效的惩罚措施。根据有关专家介绍，就展览行业而言，惩罚的措施其实并不多。

以下是几种常见的惩罚措施：

（1）组织者以后组织展览、团组等活动不让其参加或介入。

（2）使用预付款、押金方式。有问题就扣押金、扣预付款，没有问题就在展后退回预付款或押金。这种方法有点效果，但是是一种消极的方式。

（3）找替代企业参展，所产生的费用、损失由违约者承担。

不合理的组织者和展出者都存在，要通过合法的手段保护自己的利益。组织者和展出者之间总是会产生问题和矛盾，大部分问题应该通过友好协商得到解决。

【项目小结】

本项目讲述了会展项目合同谈判的内容和程序，会展项目合同签订与效力，会展项目合同纠纷的处置。

【项目实训1】

结合本项目有关知识点并查阅相关资料，撰写一份会展项目合同并约定履行条款。

1. 操作步骤

步骤一：学生分组

步骤二：完成合同后进行展示并介绍如何履行

步骤三：讨论分析各组的完成情况并加以评价

步骤四：总结

2. 学生互评与教师点评

学生互评与教师点评表

大类指标	分类指标	分值	学生互评	教师点评	总分
工作思路明晰	项目合同资料收集有序	10			
	合同撰写目的明确，思路清晰	5			
合同拟定工作程序	会展项目合同选择清楚	10			
	合同样式规范	10			
	合同要素齐备	15			
	合同条款充分并能体现效力	15			
	合同中对如何履行条款有说明	15			
实训总结	合同展示有成效	10			
	对拟定的合同有现实意义的总结	10			

【项目实训2】

欧洲A公司到中国与中方某会议项目主办方进行试听设备交易的谈判。中方根据其报价提出了质疑，并建议对方考虑中国市场的竞争性和该公司第一次进入市场应认真考虑调整其价格。A公司做了一番解释后仍不降价并说其价格是合理的，中方对其条件又做了分析，双方一上午下来，毫无结果。

实训要求：请根据以上背景资料进行下午谈判。

1．操作步骤

步骤一：根据实际情况，将全班同学分成若干组，其中1~2组代表会展项目组织者，其余组代表不同性质的供应商，然后进行模拟谈判

步骤二：设计谈判策略

步骤三：分析优劣势

步骤四：运用谈判基本技巧进行谈判

2．学生互评与教师点评

学生互评与教师点评表

大类指标	分类指标	分值	学生互评	教师点评	总分
谈判思路完整	谈判目的明确	10			
	谈判思路清晰	5			
谈判工作程序	组建谈判工作小组	10			
	谈判地点明确	5			
	谈判方案有准备	15			
	谈判气氛融洽	10			
	谈判技巧丰富且运用得当	25			
谈判结果有效	谈判有成效	10			
	收获良好的实践意义	10			

项目七

会展项目的后续工作

【项目概述】

会展项目后续工作、展会评估与总结，是会展整体运作管理中的一个环节，是对主办方、参展商和会展主管部门三方复杂的执行性活动。当前，会展评估在世界会展经济发达国家已经相当成熟，在这些国家通常是全国性统一的行业机构从事会展的评估、认证工作，对各类数据进行审核认证，定期公布认证结果，为会展业内和其他相关机构提供比较分析。

【项目学习目标】

1. 了解会展后续服务的内容。
2. 掌握展后评估工作的流程和方法。
3. 具备制订会展评估方案的能力。
4. 具备会展项目总结和写作的能力。

【案例导入】

— 建立会展评估体系迫在眉睫 —

提起会展，给大众的直觉就是混乱，起初会展业在政府的直接参与下轰轰烈烈的场面渐渐消退，人们逐渐开始用理性的视角去审视当前的会展业，各自为政，单打独斗的会展已经没有活力，社会需要的是全国性的、世界性的大会展，需要的是一种良性的运营机制和保障。我国有很多好企业和好的项目需要走出国门，而国外的企业也看好中国庞大的展览市场。这就需要有一个规范的统一的评估体系出台。有一组数据值得我们反思：2004年，中国大陆赴德参展的企业达7014家，比2003年同比增长34%。近几年，中国赴德参展的企业数量保持在20%到30%的增长率，中国展商2004年数量比4年前增长了两倍多，2000年为2200多家，在各国中居第10位，而目前中国已经超过英国、美国、意大利等传统参展大国，一跃成为第一大海外展商来源国。这种趋之若鹜的现象反映出德国会展的品牌效应，因为许多企业决策者都评价认为德国展览会是他们作出购买决定的最重要依据。而德国会展的品牌树立则得益于专业权威的评估机构——FKM。德国人并没有把所有国际性展会都打上国际认证的烙印，因为有FKM认证就已经足够，这就是“德国特色”。虽然它也是UFI的成员。由于我国没有这样的权威评估机构，所以我国的展会和会展企业需要和国际接轨，打造品牌就要寻求加入UFI，只有这样才能被国际认可。

但是，UFI认证并非没有缺陷，也不完全适合我国的会展业发展。例如加入时缺少明确的审核机制，只需申请方提供相关的数据资料即可。我国的会展是在社会主义体制下的会展，在其发展过程中必然有自己的特色，所以完全依赖于西方体制框架下的运作模式并不合适。培育具有本土特色的评估体系，打造符合我国国情和会展经济发展现状的评估机构则是首选之举，而且迫在眉睫。正如2006年2月18日在中国会展经济研究会成立大会上商务部研究院副院长沈丹阳博士说，“展会评估标准和会展业的行业标准已成为业界的迫切需要。”

讨论 展会评估主要指标有哪些，同时对展会项目的发展有什么意义？

分析 进行展后评估可以总结经验，发现问题，是提高办展水平的重要途径之一。进行展会评估可以在确定评估的方法和步骤后，设计合理的调查问卷，搜集有关信息，最后通过对有关材料的分析，得出展会效果评价，并对下届展会的举办提出整改建议。

任务1 会展后续工作

一、会展后续工作的主要内容

展览的后续工作既是本届展览的收尾工作，也是为下届展览的开始做准备，所以，展会闭幕后的后续工作是不能忽视的。

（一）向客户邮寄展览总结并致谢

展会闭幕后，要及时给所有参加展会的参展商和观众邮寄展会总结，并对它们参加本次展会表示真诚的感谢。展会总结不仅要邮寄给展会现有的参展商和观众，对于那些暂时没有来参加本次展会的目标参展商和目标观众也要邮寄，这样就可以为下一届展览的招展和招商做准备。展会的致谢函可以只邮寄给现有的参展商和观众，但对于那些曾经帮助过展会筹办的机构和个人如各协办单位、支持单位、消防保安部门等也要致谢，对于一些重要的客户和机构，办展机构还可以派人亲自登门致谢。展会总结和致谢函可以采用信函、电子邮件和传真等方式。

（二）更新客户数据库

每一届展会完毕，办展机构的客户数据库可能发生很大的变化，包括新客户的加入、老客户的流失、有些客户发生变更等。办展机构要根据客户信息的变化，及时调整客户工作的方式和方向。成功的展会往往是那些客户工作做得出色的展会。更新展览客户数据库既包括对参展商数据的更新、对观众数据的更新，也包括对各种展览服务商及业务代理资料的更新。

（三）进行展览总结性宣传

展览闭幕后，可以就展会总的情况进行一次总结性宣传，办展机构可以就展会的情况准备一份总结性的新闻稿，提供给各新闻媒体，让展览有始有终。很多办展机构都不注意展后的总结性宣传，其实，展后总结性宣传不仅是将本届展会的举办成果对社会和客户做一个交代，更是为下一届展会做舆论准备。进行展后总结性宣传，往往会获得较好的效果。

（四）发展和巩固客户关系

展览期间，尽管办展机构有机会和客户面对面地进行交流，但由于办展机构和客户各自的时间都很紧，业务也多，双方很多时候都未能进行很好的交流和沟通。展会闭幕以后，办展机构要继续保持与客户的联系，继续加强与客户的交流和沟通，发展与巩固客户关系。对于一些重要的客户，办展机构还可以亲自登门拜访。

（五）处理展览遗留的一些问题

展会期间，由于时间有限，业务又较多，可能会遗留一些问题，如有的客户款项还没有完全付清，有些客户展品还没有处理完毕，有些客户还需要进行商务考察等。展会闭幕后，办展机构要组织力量，及时处理展览遗留问题，不要将这些问题拖到下一届展会，更不能让这些问题影响到下一届展会。

（六）准备下一届展览

展会闭幕后，办展机构开始着手下一届展会的各项筹备工作。例如，准备下一届展会的策划方案，推广下一届展会的招展和招商办法，策划下一届展会的宣传推广方案，编印下一届展会的招展书、观众邀请函，制定展区的展位划分办法等。

和其他行业不同（其他行业的从业人员一般是按年来计划和筹备业务事项），展会一般都是根据展会的规模、按展会的届次来计划和筹备其业务事项。其他行业的从业人员每过一年业务就出现一个轮回，而展会是每过一届展会业务就出现一个轮回。尽管业务不断轮回，但是让每届展会都进步一点，是每一个展会人的追求和梦想。从这个意义上来讲，不仅是新创立的展会需要有精心的策划和营销，就是已经举办了多届的会展也都需要有创新、策划和营销，这样，展会才不会由于因循守旧而走向衰落。

（七）其他要求

1．更新客户名单

现有客户是有实际贸易关系的客户，现有的客户有被竞争对手挖走的可能性，对这些客户，会展公司及参展商要设法保持、巩固、发展与他们的关系。潜在客户是指目前还没有贸易关系，但是通过努力有可能变成现实客户的公司或机构。接触潜在客户，并发展与潜在客户的关系是展会工作和后续工作的主要任务。

展会之后，公司拥有客户的情况会有所改变，因此，需要编制、调整、更新客户名单，并根据名单的变化，分析、发现和调整对客户工作的方向和投入，调整宣传、广告、公关、展会工作的重点和方式。

2．促进贸易成效

推销产品和服务、洽谈签订贸易合同是展会的最终目的。在展会期间，向现有客户推销老产品和服务可能比较迅速，可能在展会期间就签约了，但是，向现有客户推销新产品和服务，向潜在客户推销任何产品和服务，并进行贸易洽谈都可能比较费时，都可能需要在展会之后继续努力。展会后续工作的主要内容之一就是将已经开始的贸易谈判继续下去并争取签约成交，或者继续对已显示出购买兴趣的客户做工作，引发其购买意向，并争取洽谈成交。

二、会展后续工作主要做法

有计划、有组织地开展展览后续管理工作，有利于提高后续工作的效率和效果。美国的有关调查表明，如果在展览闭幕后继续与新客户进行沟通与交流，展出者的营销额可以多出2/3。因此，美国著名展览专家艾伦·可诺派奇博士建议展出者将预算的15%～20%用于后续宣传和后续工作，并在展览筹备阶段就计划后续工作。

一般情况下，后续工作由销售、技术等部门负责，展会部一般不负责后续工作。后续工作的主要依据是展台记录。在展会期间应建立完善的记录，以便在后续工作中派上用场。参观者的接待记录是后续工作的基础，展台人员在展会期间会接触很多客户，包括留下名片的客户、交谈过的客户、表现出兴趣并索取报价的客户、表示要订货并开始谈判的客户等。所有这些客户都应该按标准规格详细记录。

【知识链接】

亚洲博鳌论坛（英文:Boao Forum for Asia，缩写:BFA），由25个亚洲国家和澳大利亚发起，于2001年2月27日在海南省琼海市万泉河入海口的博鳌镇召开大会，正式宣布成立。论坛为非官方、非营利性、定期、定址的国际组织；为政府、企业及专家学者等提供一个共商经济、社会、环境及其他相关问题的高层对话平台；海南博鳌为论坛总部的永久所在地。

微信扫码进入博鳌论坛官网

2015年博鳌亚洲论坛《大海的方向》宣传片

任务2 会展评估工作

一、认识会展项目后评估

会展评估是指对某一展会进行分析和评价，即对一个展会的目的、执行过程、质量、服务、直接和间接的经济效益与社会效益、作用和影响所进行的系统的、客观的分析和评价，判断该展会项目是否成功，并分析其原因，总结经验教训，为项目的主办方和承办方提供借鉴，并通过及时有效的信息反馈，为参展商、专业观众乃至一般观众提供参考。

会展项目评估是一个体系，涉及会展项目调研、立项阶段，实施阶段以及总结阶段。我们这里主要探讨会展项目后评估，也就是会展项目实施完成后，在项目总结阶段进行的评估。

会展项目后评估是在项目执行后，对项目目标的完成情况、实施过程、实施效果及各方反应等情况进行调查、取证、分析和评价，从而使各会展项目之间或者同一题目的各届会展活动之间能够进行客观的比较，以及做出科学的结论。

二、会展评估内容（表7-1）

（一）展台效果评估

如果展台接待了70%以上的潜在客户，而客户接触的平均成本低于其他展台的平均值，其展台效果就是优异的。

（二）成本效益比评估

成本效益比内涵较广，可以是此次展览的成本和效益比，也可以是此次成本和效益与前两次或类似项目相比，还可以是展出的成本和效益与其他营销方式相比。例如展出开支为20万，展出效益（成交额）为8000万，那么成本效益比为1∶400。

（三）成交评估

成交是指消费成交和贸易成交两种。对贸易性的展会而言，成交评估是展会评估最重要的内容之一。成交评估的内容一般有：销售目标；成交额；成交笔数；意向成交额；实际成交额；与新客户成交额，与老客户成交额；展会期间成交额；预计后续成交额等。

（四）接待客户评估

1．参观展台的观众数量

参观展台的观众数量可以细分为接待参观者数、现有客户数和潜在客户数，其中潜在客户数是重点。

2．参观展台的观众质量

按照评估内容和标准分类统计观众的订货决定权、建议权、影响力、行业、区域等，然后根据统计情况将参观观众分为“极具价值”“很有价值”“一般价值”和“无价值”等情况。

3．接待客户的成本效益

接待客户的成本效益的计算方法是用展览总支出额除以所接待的客户数或者所建立的新客户关系数。

（五）调研评估

调研评估包括：通过展会对市场和产品有无新的了解和认识；有无更明确的发展和努力方向等。

（六）竞争评估

竞争评估是指对在展会工作方面和展览效果方面与竞争对手相比较的表现进行评估。

（七）宣传公关评估

宣传公关评估具体包括：评估宣传公关有无效果；效率、效益多大；是否需要增加投入以提高展出者形象；形象对实际成交有多大影响等。

会展项目后评估是一个复杂的体系，其中有些内容还具有一定的争议性，所以评估时应该根据实际项目审慎选择，谨慎操作。

表7-1　2007年浙江省十大节庆活动参评项目自评表

<table>
<tr><th>序号</th><th colspan="2">内容</th><th colspan="2">评分标准</th><th>得分</th></tr>
<tr><td rowspan="6">1</td><td rowspan="6">规模（20分）</td><td rowspan="6">参加人数（15分）</td><td rowspan="3">省内（5分）</td><td>50,000人及以上（5分）</td><td rowspan="6"></td></tr>
<tr><td>30,000～50,000人（3分）</td></tr>
<tr><td>10,000～30,000人（1分）</td></tr>
<tr><td rowspan="3">省外（5分）</td><td>1000人以上（5分）</td></tr>
<tr><td>500～1000人（3分）</td></tr>
<tr><td>100～500人（1分）</td></tr>
</table>

续表

序号	内容			评分标准	得分
1	规模（20分）	参加人数（15分）	境外（5分）	300人及以上（5分）	
				100~300人（3分）	
				50~100人（1分）	
			持续参与度（5分）	第二次参加人数达50%以上（5分）	
				30%~50%（3分）	
				10%~30%（1分）	
2	组织机构行政级别（5分）			国际级（5分）	
				国家级（5分）	
				省级（3分）	
				市级（2分）	
				县级（1分）	
3	出席活动嘉宾（5分）			国际机构代表（5分）	
				国家级机构代表（4分）	
				省级机构代表（3分）	
				市级机构代表（2分）	
				县级机构代表（1分）	
4	节庆活动效果（10分）	相关活动（5分）		10个及以上（5分）	
				5~10个（3分）	
				1~5个（1分）	
		直接经济收入（5分）		5000万元人民币及以上（5分）	
				1000万~5000万元人民币（5分）	
				500万~1000万元人民币（1分）	
5	媒体关注度（20分）	百度搜索引擎相关网页（5分）		50,000篇及以上（5分）	
				10,000~50,000篇（3分）	
				1000~10,000篇（1分）	
		平面媒体报道（5分）		50篇及以上（5分）	
				20~50篇（3分）	
				10~20篇（1分）	
		广播、电视媒体报道（5分）		20个及以上（5分）	
				10~20个（3分）	
				5~10个（1分）	
		国家及境外媒体数量（5分）		10个及以上（5分）	
				5~10个（3分）	
				2~5个（1分）	

续表

序号	内容	评分标准	得分
6	组织机构管理（20分）	组织机构健全，活动秩序良好（2分）	
		活动区域布置合理，指引标志清晰（2分）	
		参与者进出活动场地通畅有序（2分）	
		组织活动诚实守信，遵纪守法（2分）	
		建有节庆活动门户网站（2分）	
		设置咨询服务台，提供志愿者服务（2分）	
		活动现场设立工商投诉服务（2分）	
		活动现场设立消费者投诉服务（2分）	
		设置新闻中心（2分）	
		提供节庆活动宣传手册（2分）	
7	现场服务（14分）	安全、消防设施完善（2分）	
		现场设公共安全保卫人员（2分）	
		现场设医护人员（2分）	
		停车便捷、安全（2分）	
		设置公共休息区（2分）	
		洗手间卫生条件好，数量合理（2分）	
		设流动售货点，价格合理（2分）	
8	配套设施服务（6分）	交通便捷，路况好（1分）	
		住宿设施齐全（1分）	
		餐饮卫生（1分）	
		电子通信设备完善（1分）	
		金融保险服务系统完善（1分）	
		邮政、物流系统完善（1分）	
9	获奖荣誉称号加分（10分）	获国际级荣誉称号+4分	
		获国家级荣誉称号+3分	
		获得省级荣誉称号+2分	
		获得市级荣誉称号+1分	
10	总分		

任务3 会展工作总结

一、标题

会展工作总结的标题有以下四种写法。

（一）由单位名称、时限、主题、文种构成

这类标题主要用于总结单位内部定期性的会展工作，如《上海市会展行业协会2013年工作总结》。

（二）由总结对象名称和“总结”组成

这类标题通常用于一项具体会展工作的专题总结，如《上海第七届工业博览会总结》。

（三）采用普通文章标题的写法

即用一句或两句短语概括总结的主要内容或基本观点，不出现总结字样，如《我们是怎样在美国办展的》。这类标题主要用于在报纸杂志上发表的总结。

（四）由正副标题组成

正题揭示总结的主题，副题说明总结的单位、期限、种类等。这类标题主要用于报刊发表、简报转发或会议上交流的总结，如《找准定位，加强规划，创建品牌——2013年会展工作总结》。

二、署名

会展工作总结一般是以单位名义进行的，因此应当署单位的名称，并置于标题之下。

三、正文

（一）开头

一般概括说明举办会展的背景、依据和指导思想、基本条件（名称、届次、主办单位、时间、地点、出席人数和规格、参展商以及观众的数量和质量、总成交额等）。

（二）主体

主体部分的内容一般有三项：一是本届会展的特点、组织工作的具体做法、效果和成绩；二是经验和体会；三是存在的问题和教训，或者进一步努力的方向。

（三）结尾

应归纳、呼应总结的主题，指出努力方向，提出改进意见和措施，或表示决心、信心等。

四、附件

有的会展评估报告将说明性图表或资料作为附件，这样的话，必须在正文下方依次标注附件的名称。

五、日期

在正文右下方写明定稿的具体日期。

【拓展阅读】

—展会评估的深度研究—

一、展会评估概述

（一）展会评估的定义

展会评估是管理性质的工作，是展会整体运作管理中的一个重要环节，通过对展览环境、展览工作和展览效果等方面进行系统地、深入地评价和总结，来更深刻地了解展览环境，对已做工作做出客观、公正、真实地评价，为以后展览工作提高效率和效益提供经验和建议。

（二）展会评估的现状与问题

1. 国外展会的评估情况

德国的审计权威机构是“博览会和展览会相关数据自愿控制协会”，德文缩写是FKM；法国的评估权威机构是“数据评估事务所”，缩写是OJS。这是世界上最著名的两个展览审计机构。英国、美国等国还有数家展览审计机构。

2. 国内展会的评估情况

目前很少的一些企业已注意到展会评估所带来的积极意义，但无论是研究还是实践都远远滞后于国外，缺乏专业的机构和个人来进行深入探讨，同时大部分企业对展会评估的认识仍十分欠缺。

二、展会评估的对象（评估方）

（一）参展商

（二）会展行业主管机构

（三）会展主办方

展览会涉及的方面很多，各方都可以对展览会进行评估。其中，展览会组织者（主办方）、参展商和会展主管机构是最主要的三方。展览会对这三方有着不同的意义和功能。简言之，对于主办方而言，展览会是“产品”；对于参展商而言，展览会是销售市场；对于会展主管机构而言，规范和加强对会展市场的管理是其一项重要职能。

在这三方中，主办方对展览会投入最大，展览会对展览会主办方也最为重要，因此，展览会主办方做展览会评估工作最为普遍，评估工作也应做得最好。在一些经济发达国家，比如德国、法国，展览会主办方的评估工作已规范化，有很高的水准。参展商对展出有比较多的投入，整个参展工作也是企业的一个经营管理过程，因此，越来越多的参展商对展览进行评估。目前还没有规范化的参展商评估内容标准。相比之下，会展主管机构因投入最少而很少做正规的评估工作。

三、展会评估的原则与要求

做好评估工作的前提是管理层的重视，要有所投入，包括人力、财力和精力的投入，并要有相应的安排。具体如下。

评估要有系统性：将每一次展览工作作为一个整体评估，而不是将展览工作分割开，只评估其中一个或几个因素；评估要有连续性，要连续不断地评估每次展览工作，而不是偶然地机会地评估某一次展览工作；评估要有一致性，坚持使用一种评估方式和标准，而不是经常变换方式和标准；必须指定内部人员或委托外部专业人员实行专人负责评估总结工作。遵守这些原则将有助于提高评估总结工作的准确度和实用性。

四、参展商的展会评估

（一）意义与目的

参展商的展会评估主要有以下目的：判断展出决定是否合适；判断资源投入量是否合适；判断展出有无理想的效益；比较展览与其他营销方式的成本效益；决定继续使用展览或使用其他更合适的营销方式；决定未来资源投入量；决定是否使用同样方式继续参加同一展览会；决定是否继续展出同一产品等。

（二）评估的标准

根据参展商的主要参展目标制定评估标准，如果参展目标是推销，那么就以成交额，建立新客户数为主要标准；如果参展目标是企业形象的宣传推广，那么就以接待观众人数等为主要标准。总体上来讲，评估的标准必须要明确、客观、协调、具体、统一。

（三）展会信息收集的渠道与方式

展会信息收集的主要方式是收集现成资料。展览会组织者大多有展览会的统计资料，这是评估展览会的主要资料。展览会上的竞争对手有各种资料。还可以收集报纸、杂志的相关报道反映。

此外还包括：安排记录、召集会议、组织座谈、利用调查表向参观者收集信息。

（四）定性与定量的评估

定性评估的内容有：对自己展台的设计、展期宣传、展品、行政、管理、工作态度、工作效率、服务意识、对展览与其他营销方式的比较与评估；对市场潜力、趋势的评估等。定性的评估内容有时也称作评估因素。

定量评估的内容有：接待客户情况、接待客户平均成本、成交情况、成交平均成本、成本效益比等。定量的评估内容也常称作评估指数。

定量指标主要集中在以下一些方面。

观众的数量；观众的质量（参观者质量与展出效率成正比，即参观者质量高，展出效率就高。参观者的质量通常体现在购买兴趣指数、购买影响指数和购买计划指数等方面）；观众的活动（平均参观展览时间，指参观者参观整个展览会所花费的时间，一般以小时表示，该指数与展览会效果成正比；平均参观展台时间，指参观者参观每个展台所花费的平均时间，一般以分钟表示）；展台效率（一种是工作人员接待目标观众的数量在目标观众总数中的比例；另一种是展台总开支除实际接待的目标观众数量之商。后一种方式也称作接触参观者平均成本）；成本效益比评估，（成本效益也可以称作投资收益，评估因素比较多，范围比较广。一种典型的成本效益比是用开支比成交，另一种典型的成本效益比是用开支比建立新客户关系数）；成交评估（分消费成交和贸易成交）等。

（五）展会的分析与总结

（1）出具参展总结报告。

（2）评估分析（对有关展出目标和有关展览工作做简单描述，对展览成果的整体和分类统计分析，以及可能的原因和意见）。

（3）市场调研报告（分析市场潜力、销售渠道、产品要求、竞争情况等）。

（4）财务报告（预算、成本、利润）。

（5）其他报告（专题性质的报告多为了解具体情况、解决具体的问题）。

五、会展行业主管机构的展会评估

（一）意义与目的

展会评估对会展行业的管理机构而言利大于弊，会展行业主管部门可以根据相关展会评估的标准、结论来制定会展行业发展的行业规章和制度，并可对一些评估良好的展会项目进行重点扶持，帮助它们做强、做大以形成品牌优势；反之，对一些评估差，缺乏市场前景甚至重复举办的展会，予以严格控制以达到规范会展市场秩序和行业竞争的目的。

（二）内容与标准

（1）展览主题（主题是否明确、是否服务展示地方经济）。

（2）展台设计与装饰（突出展示、宣传、介绍产品、宣传品牌）。

（3）招商组展（展会规模、展品质量、品牌、科技含量）。

（4）广告宣传力度（在展会前、展会中、展会后均应有强大的宣传阵容，达到接触、交流、洽谈、签约、交易）。

（5）展会后勤服务（在硬件设施上，有清洁优美环境、展场指南，食宿安排、交通服务、展会会刊等）。

（6）经济与社会效益（交易额与协议，贸易商反映）。

（7）后续工作：展会总结与统计。

（三）评估方法

（1）被评估单位与展会应提出书面报告与各项统计资料。

（2）评估机构对被评估单位的业绩、展会的规模、展商数量、展品构成与质量、各项统计资料等进行实地考察，对展会的实际效益进行科学评估。

（3）评估机构对展会的合同成交额，成交的产品结构、成交的机构以及协议的实施结果、实施跟踪咨询以获得切实可靠的数据。

（4）评估机构通过参展商、贸易商及传媒机构了解展会的实际活动情况，对展会的服务水平、服务态度进行专项评估。

六、会展主办方的展会评估

（一）意义与目的

通过对展会参展面积、参展商数量、观众人数等指标的考核，可以定量的认识展会的规模，从而树立自己的品牌展览，达到规范行业竞争的目的。具体而言包括：一是为会展主办单位机构进行会展项目的可行性分析提供数据依据；二是对会展项目的整体运作及其相关成果做出客观真实的评价，展示会展项目的优势，为项目招商提供基础数据的支撑；三是对会展项目历年的相关会展数据进行纵向比较，分析其存在的问题、市场发展趋势及其未来的发展对策；四是结合国内大型类似的相关会展活动进行横向对比，分析并借鉴其优势项目；五是为将来会展项目的品牌建设提供支持。同时，这些数据可以为场馆的出租提供背景资料，为主办方进行项目可行性分析提供数据依据，为参展商参展提供数据依据，为贸促会和展览馆协会提供协会管理的基础数据。

（二）评估的内容

评估内容包括宣传、设计、展品、行政、管理、工作态度、工作效率、工作效果、集体精神、服务意识等。评估可以是来自各方面的：主办方自己的评估；参展者对主办方工作的评估（内容同上，但是参展者对主办方一般都给予好的和较好的评价。如果有较低的评价，应当认真了解）；观众（包括现有客户和潜在客户）对主办方、展馆/展台的评价；专家对主办方、展馆/展台的评价；政府部门、新闻媒体对主办方、展馆/展台的评价 。

（三）评估工作的一般顺序

1. 展前

（1）制订展出目标。

（2）向参展商提出要求。

2. 展期内

（1）碰头会。

（2）与政府部门、商会、协会、展览会等方面的专业人员交谈。

（3）对观众和展商进行调研。

（4）收集新闻及内部刊物的评价。

以上收集到的情况主要用于分析、比较、做出展览工作和效果的近期评估。

3. 中期评估

展览闭幕6~9个月时可进行中期评估。工作可以由专业人员（信息人员、顾问人员）承担。每次展出都有后续工作。展出者在展览会都会结识不少客户，要把这种关系发展成为大笔买卖，还需要时间、需要做大量工作。这就是后续工作。近期评估只能反映展出工作的一部分价值，只有再进行中长期评估才能全面反映展出工作的全部价值。因此，应重视中期评估工作，安排相应的人力、财力开展这项工作。

4. 专业评估

专业评估是指委托专业公司做评估工作。专业评估的优势是无成见或偏见，专业化程度高、评估结果准确度高，但是费用也高。主办单位委托一些独立的专业会展咨询企业或行业协会来进行，这在评估的过程中和结论上保持了真实性、公正性，而他们提出的展会未来发展对策大多能对主办单位起到借鉴作用。展会主办单位则可根据每次评估的结论和建议，及时调整展会发展方向、运作管理方式等，扬长避短，来完善自己的展会品牌。此外，专业评估的内容还可以由委托人指定，如：展览会的观众信息（观众的质量、兴趣范围、订货决策权、订货影响力等情况；有多少观众对此次的展品有兴趣）等。

（四）出具评估报告

（1）曲线类分析报告。

（2）比例类分析报告。

（3）调查类报告。

（4）专业角度的思考和建议　从一个专业会展机构的角度出发，结合多年的会展服务经验，对展览会收集到的信息进行价值评估，并做出合理的建议和咨询。

（五）评估应用

（1）评估报告的部分内容转变成招展、招商材料，增加展会的说服力和吸引力。

（2）评估的结论结合展会主题产业的发展状况为下届展会项目的开展提供可行性分析，了解展会项目所处的生命周期。

（3）可将评估报告提交政府有关机构，申请相应的支持。

七、展会评估的展会项目生命周期研究

（一）展会项目生命周期内涵

展览作为一项“产品”，具有普通产品同样的发展过程。在展览市场，没有某一个展览会是经久不衰的，这是由于没有一种产品是经久不衰的。展览会的生命周期就是指某一展览项目，从选题构思立项招展到被淘汰退出市场为止的全部过程所经历的时间。一般可分为四个阶段，即投入期、成长期、成熟期和衰退期。

（二）展会项目生命周期的判断

确定展览会处于生命周期的哪个阶段是比较困难的。因为展览的销售量的变化，除了遵循展览长期变动趋势外，还要受各种随机变动因素的影响，因此，尽可能准确判断展览目前处于哪一个阶段，以便为决策提供重要依据，增加项目的科学性和可行性，也就十分重要了。归纳起来，判断展会项目生命周期的方法主要有以下四种。

（1）图示判断法。

（2）比较判断法。

（3）回归分析判断法。

（4）求导数判断法。

【项目小结】

本项目简述了会展项目后续工作的主要内容，会展评估的分类和原则。论述了会展项目后续工作的管理方法和会展项目评估的方法。

【项目实训】

选择一个知名展会进行总结。

1. 操作步骤

步骤一：分组（每组6人左右），以组为单位制订会展项目后续评估工作计划，落实组内人

员分工及工作内容

步骤二：选择一个较成熟和知名的品牌展览会，根据下面2个表查找相关资料

展览会相关资料

<table>
<tr><td rowspan="2">展览会名称</td><td>中文</td><td colspan="3"></td></tr>
<tr><td>英文</td><td colspan="3"></td></tr>
<tr><td>举办时间</td><td colspan="2"></td><td>举办地点</td><td></td></tr>
<tr><td>主办单位</td><td colspan="4"></td></tr>
<tr><td>承办单位</td><td colspan="4"></td></tr>
<tr><td>支持单位</td><td colspan="4"></td></tr>
<tr><td>赞助单位</td><td colspan="4"></td></tr>
<tr><td rowspan="2">展览会主题</td><td>中文</td><td colspan="3"></td></tr>
<tr><td>英文</td><td colspan="3"></td></tr>
<tr><td rowspan="2">展览会类别</td><td>综合性
（主要行业）</td><td colspan="3"></td></tr>
<tr><td>专业性
（主要产品）</td><td colspan="3"></td></tr>
<tr><td rowspan="4">展览会规模</td><td>净面积
（其中室外）</td><td></td><td>参展厂家
（其中境外）</td><td></td></tr>
<tr><td>境外参展
净面积</td><td></td><td>特装比例</td><td></td></tr>
<tr><td>观众总数</td><td></td><td>专业观众</td><td></td></tr>
<tr><td>论坛、研讨会场次</td><td></td><td>境外观众</td><td></td></tr>
</table>

前三届展览会基本情况

届别	前一届	前二届	前三届
时间			
地点			
批准单位			
承办单位			
支持单位			
赞助单位			
展会主题			
展会类别			
实际净面积（其中室外）			
实际厂家面积（其中境外）			

续表

届别	前一届	前二届	前三届
实际境外参展净面积			
实际特装比例			
实际观众总数（其中专业观众和境外观众）			
实际论坛、研讨会场次			
其他需要说明的问题			

步骤三：通过收集各类资料、召集座谈会、发放调查问卷等整理分析数据

步骤四：在分析数据基础上对整个展会各项活动进行总结，形成展后评估报告

2. 学生互评与教师点评

学生互评与教师点评表

大类指标	分类指标	分值	学生互评	教师点评	总分
评估组织及工作分配	人员工作安排	5			
	人员工作计划	10			
数据资料收集	调查表格及问卷	15			
	资料回收	10			
	数据资料详实具体	15			
	评估报告完整性	15			
展会评估报告	条理清楚	10			
	结论准确	20			

附录一

展览会质量评估指标体系研究调查问卷

尊敬的朋友：

您好！

受有关部门委托，我们想对部分展览会的参展商和参观者进行随机调查，以测度目前上海展览会的现状，建立评估展览会质量的指标体系，从而为展览会质量评估工作的开展提供参考意见。

按照随机抽样原则，您被选为受访者。我们衷心希望您能给予协助，回答问卷内的问题。对于您的回答，我们将根据《中华人民共和国统计法》第三章第十五条之规定予以保密，仅用于科学研究的统计分析。

谢谢您的支持与合作！

《展览会质量评估指标体系研究》课题组

2005年5月

说明：请您以印象最深刻的一次展会参观为依据，回答以下问题。注意：以下16题的回答都只针对这一展览会。

请在意向选项上打“√”（以下所有问题中，题号前打“*”的可多选）

1. 您第几次参加该展会：a. 首次 b. 第2次 c. 第3次 d. 记不清 e. 其他（请注明）______

2. 您是否在一年内参加过与该展会内容或主题相近的展会：a. 是 b. 否 c. 不清楚

*3. 您选择参观该展会的参考依据是：

a. 主办方 b. 费用 c. 档次和规模 d. 品牌 e. 服务 f. 专业观众

g. 其他（请注明）______

*4. 您参加本次展览会的目的是：

a. 收集信息 b. 寻找新货源 c. 订货 d. 交朋会友 e. 休闲娱乐 f. 学习

g. 其他（请注明）______

*5. 您主要通过什么途径了解该展会信息：

a. 展会主办方邀请函 b. 参展商邀请函 c. 听传达或读内部文件 d. 电视/广播 e. 报纸/杂志 f. 网页/电子邮件 g. 参加社团活动 h. 他人介绍 i. 其他（请注明）______

6. 您认为该展会上参展商表现如何：a. 很好 b. 较好 c. 一般 d. 不好

7. 您认为该展会上的展品是否有吸引力：a. 有 b. 没有 c. 一般

8. 您是否了解该展会进行的宣传活动：a. 很了解 b. 一般了解 c. 不太了解 d. 完全不了解

9. 您认为该展会的实际情况与所宣传的是否有出入：

a. 出入很大 b. 出入不大 c. 没有出入 d. 不清楚

10. 如果展会实际情况与宣传极其不符，您会怎么办：

a. 不过多计较　　b. 找主办方或承办方协调　c. 不再参展并要求赔偿

d. 诉诸法律　　e. 其他（请注明）____________

*11. 您对该展会哪些方面比较满意：

a. 档次　b. 规模　c. 服务　d. 费用　e. 宣传　f. 其他（请注明）____________

12. 您认为该展会是否能代表展会所属行业的发展现状：a. 能　b. 基本能　c. 不能　d. 不清楚

13. 您认为该展会是否能反映出展会所属行业的发展趋势：a. 能　b. 基本能　c. 不能　d. 不清楚

14. 您是否继续参加下届该展会：a. 参加　b. 不参加　c. 还不确定　d. 不知道

*15. 您认为下列哪些单位对展览会的质量负有一定的责任：

a. 政府　b. 行业协会　c. 主办单位　d. 承办单位　e. 协办单位　f. 赞助单位

g. 媒体　h. 参展商　i. 专业观众　j. 其他（请注明）____________

16. 您认为该展会是否能称之为品牌展会：a. 能　b. 基本能　c. 不能　d. 不清楚

我们认为展览会工作圆满完成的影响因素主要有展览会主承办方、媒体、峰会论坛、主承办方服务、展览场所服务6个方面，请您就如上因素的重要程度进行评价。（请在选项对应位置打“√”）

程度 项目	非常重要	重要	一般	不重要
展览会主办方	4	3	2	1
展览会承办方	4	3	2	1
媒体宣传	4	3	2	1
峰会论坛	4	3	2	1
主承办方服务	4	3	2	1
展览场馆服务	4	3	2	1

说明：以下1~16题均可多选

1. 您认为展览会主办方应该具备以下哪些要素：

a. 政府权威性　b. 行业影响力　c. 有丰富经验　　d. 其他（请注明）____________

2. 您认为展览会承办方应该具备以下哪些要素：

a. 政府权威性　b. 行业影响力　c. 有丰富经验　　d. 其他（请注明）____________

3. 您认为媒体的工作应该体现在以下哪些方面：

a. 正面宣传　　b. 如实报道　　c. 反映不良现象　d. 监督　　e. 其他（请注明）_____

4. 您认为展览会应该选择在什么时间宣传：

a. 展前　　b. 展中　　c. 展后　　　d. 不清楚　e. 其他（请注明）_____

5. 您认为展览会主承办方服务应包括：

a. 服务态度　b. 服务效率　c. 服务手段　d. 跟踪反馈　e. 投诉处理　f. 餐饮住宿

g. 酒店与场馆间往返交通　h. 旅游购物　i. 休闲娱乐　j. 峰会论坛　k. 法律咨询　l. 外币兑换　m. 其他（请注明）________

6. 您认为以下哪些项可以反映峰会论坛的质量：

a. 论坛主题　b. 演讲者　c. 信息量　d. 参与性　e. 其他（请注明）________

7. 您认为展览场馆服务应该包括：

a. 室内面积　b. 室外面积　c. 停车场　d. 展品运进运出　e. 馆内交通　f. 会展专车　g. 进馆搭建时间　h. 撤展时间　i. 标识导向服务　j. 通讯服务　k. 咨询服务　l. 餐饮服务　m. 登记服务　n. 卫生间　o. 清洁服务　p. 安全保卫　q. 便利店　r. 其他（请注明）________

我们认为展览会质量的影响因素主要有展览会规模、专业性、参展商、专业观众4个方面，请您对如上因素的重要程度进行评价。（请在选项对应位置打"√"）

项目 \ 程度	非常重要	重要	一般	不重要
展览会规模	4	3	2	1
展览会专业性	4	3	2	1
参展商	4	3	2	1
专业观众	4	3	2	1

8. 您认为以下哪些项可以反映展览会的规模：

a. 展出面积　b. 展位数量　c. 参展商的数量　d. 专业观众的数量　e. 普通观众的数量

f. 其他（请注明）________

9. 您认为以下哪几项可以反映展览会的专业性：

a. 展会主题　b. 国内外参展商　c. 国内外专业观众　d. 展品种类　e. 其他（请注明）________

10. 您认为我们在分析参展商时应考虑的因素有：

a. 参展商的数量　b. 国内参展商在行业中的影响力　c. 国外参展商的比例

d. 国外参展商的国际影响力　e. 参展新产品的比例　f. 其他（请注明）________

11. 您认为我们在分析专业观众时应考虑的因素有：

a. 专业观众数量　b. 国内专业观众的行业影响力　c. 国外专业观众的数量

d. 国外专业观众的行业影响力　e. 专业观众的购买决策能力　f. 其他（请注明）________

我们认为展览会效果的影响因素主要有展览会预期效果、历届展览会走势、展览会成交量、新老客户比例、普通观众评价和展览会影响力6个方面，请您对如上因素的重要程度进行评价。（请在选项对应位置打"√"）

项目 \ 程度	非常重要	重要	一般	不重要
预期效果	4	3	2	1
历届展览会走势	4	3	2	1
成交量	4	3	2	1
展会新老客户比例	4	3	2	1
普通观众评价	4	3	2	1
展览会影响力	4	3	2	1

12. 您认为分析历届展览会发展走势需要考虑的因素有：

a. 历届参展商数量变化 b. 历届展览会面积和摊位数量变化 c. 历届专业观众数量变化 d. 历届新产品展出比例变化 e. 历届著名企业参展比例变化 f. 历届展览会国内影响/辐射范围变化 g. 历届展览会国外影响/辐射范围变化 h. 其他（请注明）__________

13. 您认为应该用以下哪些项目反映一次展览会的成交量：

a. 现场成交量 b. 展会后与在展会期间认识的客户的交易额（意向成交量）

c. 其他（请注明）__________

14. 您认为以下哪些项目能反映展会新老客户比例：

a. 首次参展的专业观众占所有专业观众的比例 b. 首次参展的参展商占所有参展商的比例

c. 其他（请注明）__________

15. 您认为普通观众评价展会主要考虑的因素有：

a. 展会娱乐性 b. 展会学习性 c. 展会观赏性 d. 展会影响性 e. 其他（请注明）__________

16. 您认为以下哪几项可以反映展会影响力：

a. 知晓度（知名度） b. 满意度 c. 美誉度 d. 忠诚度 e. 其他（请注明）__________

您能够坚持做完这份问卷，给我们极大的帮助，我们向您致以衷心的谢意！

附录二

中国第六届花卉博览会总体策划方案

第一章“六博会”总体分析
第二章“六博会”整体构想
第三章“六博会”活动方案
第四章“六博会”招展工作方案
第五章“六博会”宣传推介方案
第六章“六博会”市场开发方案
第七章“六博会”场馆及配套设施建设方案
第八章“六博会”城市建设整治工作方案
第九章“六博会”旅游开发方案
第十章“六博会”接待工作方案

具体内容，可微信扫描二维码：

参考文献

[1] 郑建瑜. 会展经营策划师 [M]. 北京：中国劳动社会保障出版社，2006.

[2] 张玉明. 会展服务管理 [M]. 广州：中山大学出版社，2010.

[3] 杨顺勇. 丁萍萍. 会展营销 [M]. 北京：化学工业出版社，2009.

[4] 许传宏. 会展策划 [M]. 上海：复旦大学出版社，2010.

[5] 王春雷，陈震. 展览会策划与管理 [M]. 北京：中国旅游出版社，2006.

[6] 龚维刚主编. 会展实务 [M]. 上海：华东师范大学出版社，2007.

[7] 丁霞. 会展策划与管理 [M]. 北京：高等教育出版社，2006.

[8] 王保伦. 会展经营与管理 [M]. 北京：北京大学出版社，2006.

[9] 刘松萍. 会展营销与策划 [M]. 北京：首都经济贸易大学出版社，2006.

[10] 莫志明. 会展项目管理实务 [M]. 上海：上海交通大学出版社，2011.

[11] 胡平. 会展管理 [M]. 北京：高等教育出版社，2004.

[12] 王起静. 会展项日管理 [M]. 北京：中国商务出版社，2004.

[13] 卢晓. 节事活动策划与管理 [M]. 上海：上海人民出版社，2006.

[14] 中外展览. www.fair.conf.net

[15] 中国展览. www.chinaexhibit-net